# WITTENBERG – DESSAU – WÖRLITZ

## DIE UNESCO-WELTERBESTÄTTEN

MICHAEL PANTENIUS

**WEITERE REISEFÜHRER AUS UNSERER REIHE**

Altmark • Burgen in Sachsen-Anhalt • Erfurt • Halle (Saale) • Der Lutherweg • Magdeburg • Merseburg • Musikleben in Sachsen-Anhalt • Die Weinstraße Saale-Unstrut

mitteldeutscher verlag

Blick über den Wörlitzer See zur Synagoge, der Kirche und dem Schloss (v. l.)

# ★ 5 TOP-TIPPS

## LUTHERHAUS

Rund 38 Jahre hat der Reformator im vormaligen Augustinerkloster gelebt. Hier führte er seine berühmten Tischgespräche, empfing er seine Mitstreiter und Anhänger. Zu den ausgestellten Schätzen gehört u. a. Luthers Mönchskutte. S. 40

## SCHLOSSKIRCHE

Vor allem die Thesentür und die Gräber von Luther und Melanchthon ziehen die Besucher zur Schlosskirche. Sie zählt laut einer ZDF-Umfrage – neben dem Brandenburger Tor und dem Kölner Dom – zu den drei Lieblingsbauten der Deutschen. S. 15

## MEISTERHÄUSER

Die von Walter Gropius geplanten Wohnhäuser der Bauhausmeister sind Paradebeispiele für den funktionalen Bauhausstil. Im Innern überrascht die Farbgestaltung, z. T. von den Meistern (Kandinsky, Klee) selbst umgesetzt. S. 68

## LUISIUM

Der private Rückzugsort der Fürstin Luise von Anhalt-Dessau ist ein Meisterwerk des Architekten Erdmannsdorff. Das Schloss mit dem umgebenden Park gehört zu den Kleinodien im Dessau-Wörlitzer Gartenreich. S. 141

## WÖRLITZER ANLAGEN

Die Wörlitzer Anlagen waren der erste Landschaftspark nach englischem Vorbild auf dem europäischen Festland. Fürst Franz, ihr geistiger Vater, verwirklichte hier seine Überzeugung: Wer wahre Schönheit erlebt, kann Gutes bewirken. S. 111

# ★ 5 ENTDECKER-TIPPS

## CRANACHHÖFE

Die restaurierten Cranachhöfe in Wittenberg (seit 2005 Baudenkmal von nationaler Bedeutung) sind sowohl einzigartige Ruhepole als auch lauschige und schattige Plätzchen für einen Café- oder Restaurantbesuch. S. 21

## SIEDLUNG TÖRTEN

Die Siedlung (errichtet 1926–1928) zeigt exemplarisch die Stadtplanung des Bauhauses. Das Haus Mittelring 38 kann auch im Inneren besichtigt werden. Besonders innovativ: das Stahlhaus in der Südstraße. S. 75

## LANDSCHAFTSPARK GROSSKÜHNAU

Vom Bauhaus-Café Kornhaus aus startet man zum Spaziergang entlang des idyllischen Kühnauer Sees. Vorbei an kleinen eichenbewachsenen Inseln passiert man auf dem Weg nach Großkühnau u. a. das Weinberghaus. S. 153

## SCHLOSS ORANIENBAUM

In Oranienbaum wird Anhalts dynastische Verbindung mit dem niederländischen Herrscherhaus Oranien deutlich. Glanzpunkte sind der Ledertapetensaal und der Englisch-Chinesische Garten mit Pagode und Teehaus. S. 133

## BIOSPHÄRENRESERVAT MITTELELBE

Hier kann der Besucher des Gartenreiches die Verbindung von Natur und Kultur auf Wanderwegen und Lehrpfaden eindrucksvoll erleben: Seltene Bäume und Sträucher, Pflanzen und Tiere – Höhepunkt ist die größte Biberfreianlage Europas. S. 160

lernen
Weltdekade
2006 | 2007

# UNESCO-WELTERBE AN DER MITTELELBE

**DAS UNESCO-WELTERBE**

Die Luthergedenkstätten in Wittenberg, das Bauhaus und die Meisterhäuser in Dessau-Roßlau, das Gartenreich des Reformfürsten Leopold III. Friedrich Franz von Anhalt-Dessau: In einem fast überschaubaren und leicht zu durchmessenden Raum befinden sich drei UNESCO-Welterbestätten. Dazu kommt in dieser einmaligen Kultur- und Naturlandschaft das Biosphärenreservat Mittelelbe, das ebenfalls unter dem besonderen Schutz der UNESCO steht. Das gibt es nirgends sonst in Deutschland, in Europa.

Die UNESCO, die 1946 gegründete Organisation der Vereinten Nationen zur Förderung von Erziehung, Wissenschaft und Kultur (United Nations Educational, Sientific and Cultural Organization), widmet sich auch dem Erhalt von einzigartigen Kulturdenkmälern und Na-

▲ Das Luisium gehört zu den schönsten Schlössern im Gartenreich

◀ Am Informatonszentrum des Biosphärenreservats Mittelelbe

Neben Martin Luther wird auch Philipp Melanchthon, der „Lehrer Deutschlands", in Wittenberg besonders geehrt

turräumen. Am 16. November 1972 wurde das „Übereinkommen zum Schutz des Kultur- und Naturerbes der Welt" verabschiedet. Mit der Anerkennung des Abkommens verpflichten sich die Vertragsstaaten, ihre jeweiligen durch die UNESCO bestätigten Welterbestätten zu schützen und zu erhalten. Gegenwärtig (Stand Juni 2010) gibt es weltweit 890 Kultur- und Naturerbestätten in 148 Staaten, davon 33 in Deutschland.

## DIE LUTHERGEDENKSTÄTTEN

Als vor fast 500 Jahren Martin Luther seine 95 Thesen veröffentlichte, begann mit dieser kühnen Tat, mit dem Frontalangriff auf die überlebten religiösen Strukturen und damit auf das Weltbild des Bürgers, des leibeigenen Bauern, ja aller Menschen des Spätmittelalters, die Neuzeit. Durch Luther wurde das geistige Antlitz Europas revolutioniert und in der Folge das der ganzen Welt. Die vom ihm gegründete Kirche ist heute in allen Erdteilen zu Hause, und die deutsche Sprache und Schriftsprache, die er vereinheitlichte und die in der Folge zur nationalen wurde, ist eine der großen Sprachen dieser Welt. Die Schlosskirche, der postulierte Ort des Thesenanschlags, die Stadtkirche St. Marien und das Haus, in dem der Reformator 38 Jahre lang lebte, arbeitete und wirkte, in dem das größte reformationsgeschichtliche Museum der Welt seine Türen offen hält, sind in die Welterbeliste aufgenommen. Und ebenso das Haus von Philipp Melanchthon, dem Freund und Mitstreiter Luthers, dem „Lehrer Deutschlands". Wittenberg war im 16. Jahrhundert Anziehungspunkt für Gelehrte und Studenten aus ganz Europa. Hier wirkte Lucas Cranach, der Maler der Reformation. 1996 erfolgte die Anerkennung der Luthergedenkstätten in Wittenberg und Eisleben als Weltkulturerbe der UNESCO.

### DIE BAUHAUSSTÄTTEN

Ähnliches wie auf die Stätten der Reformation in Wittenberg trifft auch auf Dessau-Roßlau zu. Das Bauhaus, die bedeutendste Architektur-, Kunst- und Designschule im Europa des 20. Jh., hat in der Stadt unter der Leitung von Walter Gropius, später Hannes Meyer, dem Ludwig Mies van der Rohe folgte, und unter Mitwirken vieler verdienstvoller Männer und Frauen Bleibendes geschaffen. Es revolutionierte das Design des 20. Jh. und wirkt mit seiner geschmacksbildenden Kraft auch heute weltweit fort. Zu den Hauptstätten gehören noch weitere architektonische Meisterleistungen, in denen sich das ästhetische und sozialpolitische Programm des Bauhauses manifestiert.

Als die UNESCO im Dezember 1996 das Bauhaus und seine Stätten in

Das Bauhaus-Hauptgebäude mit dem Ateliergebäude (r.) gehört zu den Meisterleistungen des Architekten Walter Gropius

### KULTURERBE UND NATURERBE – GRUNDSÄTZE DER UNESCO

Das Übereinkommen zum Schutz des Kultur- und Naturerbes der Welt (vgl. S. 8) definiert, was als Kulturerbe und was als Naturerbe gilt.

Zum **Kulturerbe** zählen *Denkmäler* – u.a. Werke der Architektur, Großplastiken, Monumentalmalerei, auch Objekte oder Überreste archäologischer Art –, ebenso *Ensembles* – d.h. Gruppen einzelner oder miteinander verbundener Gebäude – und *Stätten* – d.h. gemeinsame Werke von Mensch und Natur. Sie müssen aus geschichtlichen, künstlerischen, wissenschaftlichen oder aus ästhetischen, ethnologischen oder anthropologischen Gründen von außergewöhnlichem universellem Wert sein.

Zum **Naturerbe** zählen *Naturgebilde*, die aus physikalischen und biologischen Erscheinungsformen oder -gruppen bestehen. Geologische und physiografische *Erscheinungsformen* in genau abgegrenzten Gebieten, die den Lebensraum für bedrohte Pflanzen und Tierarten bilden, sowie *Naturstätten* … oder aus genau abgegrenzten Naturgebieten … Sie müssen aus ästhetischen oder wissenschaftlichen Gründen oder Gründen ihrer Erhaltung oder natürlichen Schönheit von außergewöhnlichem universellem Wert sein.

Jeder Vertragsstaat erkennt an, dass es in erster Linie seine eigene Aufgabe ist, Erfassung, Schutz und Erhaltung in Bestand und Wertigkeit des auf seinem Hoheitsgebiet befindlichen Kultur- und Naturerbes sowie seine Weitergabe an künftige Generationen sicherzustellen.

Das Abkommen und weitere Informationen: www.unesco.de

Dessau und Weimar in die Liste des Weltkulturerbes aufnahm, schrieb sie in ihrer Begründung u.a., dass sie damit „bedeutende Denkmale nicht nur der Architektur, sondern auch der Ideengeschichte" des 20. Jh. würdige, deren „sachliche Freundlichkeit" die Menschen „bis heute in ihren Bann schlägt".

## DAS GARTENREICH DESSAU-WÖRLITZ

Die Schlösser und Parkanlagen des Gartenreiches standen bereits in der DDR unter Denkmalschutz, aber es war nicht leicht, unter den damaligen wirtschaftlichen Bedingungen die damit verbundene umfangreiche Arbeit zu leisten. Dennoch wurden beachtliche Erfolge erzielt. Wörlitz war zwischen 1945 und 1989 durchaus eine Reise wert, auch andere Anlagen, das Schloss in Mosigkau, das Schloss Georgium und das Luisium waren dem Verfall nicht preisgegeben. Anderes schon. Das Schloss Oranienbaum war Behördensitz, der Sieglitzer Berg ein Truppenübungsplatz … Die alles umfassende denkmalgerechte Sanierung und Rekonstruktion des Gartenreichs begann

◀ Das Gotische Haus im Wörlitzer Park

1990. Im Jahr 2000 war sie soweit fortgeschritten, dass die UNESCO sich entschloss, das Gartenreich mit allen seinen Schlössern, Parkbauten und Kleinarchitekturen – Wörlitz, Mosigkau, Oranienbaum, den Kühnauer Landschaftspark, das Georgium, das Luisium und den Sieglitzer Berg – in die Welterbeliste aufzunehmen.

Hier kann bewundert werden, was unter Reformfürst Leopold III. Friedrich Franz geleistet wurde. Er, der von seinen Anhaltinern zumeist nur „Vater Franz" genannt wurde, legte die Grundlagen der europäischen Landschaftsgestaltung und er förderte mit seinen Reformen nicht nur die sozialpädagogischen, ökonomischen und künstlerischen Bemühungen, sondern den gesamten Fortschritt der bürgerlichen Lebensweise im Europa des späten 18. und des frühen 19. Jahrhunderts.

Das Gartenreich Dessau-Wörlitz hat die Gartenkunst in ganz Europa befruchtet. Fürst Pücklers Anlagen in Muskau, der Schlosspark in Berlin-Charlottenburg, der Englische Garten in München, der Park von Dieskau bei Halle und viele andere sind ohne Wörlitz nicht denkbar. Am wenigsten der Weimarer Park an der Ilm. Dort wurde Leopold III. Friedrich Franz von Anhalt-Dessau – dem „Vater Franz" – mit dem Dessauer Stein ein Denkmal gesetzt.

## DAS BIOSPHÄRENRESERVAT MITTELELBE

Es ist zwar keine Welterbestätte, steht aber dennoch unter dem besonderen Schutz der UNESCO: das am 20. März 2006 aus der Taufe gehobene Biosphärenreservat Mittelelbe mit einer Fläche von rund 125.000 Hektar.

Zu Beginn der 1970er Jahre wurde die UNESCO auf die Region Mittelelbe aufmerksam. Die UNESCO erkannte 1979 mit der Aufwertung dieses Gebietes zum Biosphärenreservat die bereits geleistete Arbeit zum Erhalt vom Aussterben bedrohter Flora und Fauna an und erweiterte 1988 das Reservat um die gesamte Dessau-Wörlitzer Kulturlandschaft, in der das Gartenreich einen zentralen Platz einnimmt.

Das Biosphärenreservat Mittelelbe gehört heute zum großen Biosphärenreservat Flusslandschaft Elbe (380.000 ha). In Sachsen-Anhalt, zwischen Wittenberg, der Mündung der Saale und noch etwas weiter bis Gommern in der Nähe der Landeshauptstadt Magdeburg, liegt das größte zusammenhängende Auenwaldgebiet Europas. Hier können Fauna und Flora in ihrer Ursprünglichkeit erlebt werden, sind Tiere und Pflanzen anzutreffen, die an anderen Orten Deutschlands schon seit langem verdrängt worden sind.

# WITTENBERG UND DIE LUTHERGEDENKSTÄTTEN

Wenn Luther nicht in dieser Stadt gelebt und gewirkt hätte, wäre Wittenberg eine Stadt, wie es in Deutschland viele gibt. So aber ist sie mit knapp 50.000 Einwohnern eine kleine Weltstadt. Das ist sie nicht erst seit 1996, als die Lutherstätten UNESCO-Welterbe wurden: Touristen kommen zu tausenden – und Wallfahrer. Es gibt sie, obwohl Luther Wallfahrten ablehnte. Seine Toleranz hatte Grenzen, das forderte seine Zeit. Heute gibt es den 410 km langen Lutherweg, der zu 34 Punkten in Sachsen-Anhalt mit dem Höhepunkt Wittenberg führt. Bis zum großen Jubiläum, dem 500. Jahrestag des Thesenanschlags, werden Millionen Gäste und Pilger aus aller Welt erwartet. Die Evangelische Kirche Deutschlands hat damit kein Problem, solange der Mensch eine solche Annäherung nicht als gottgefällige Tat, sondern als Selbsterfahrung begreift.

▲ Blick auf Wittenberg von der Elbseite mit Schlosskirche (l.) und Stadtkirche

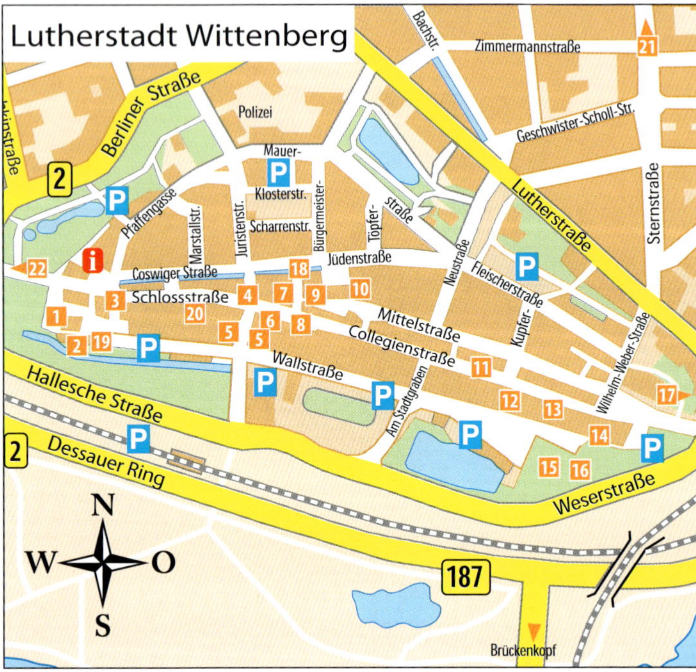

Lutherstadt Wittenberg
Berliner Straße
Polizei
Mauer-
Klosterstr.
Scharrenstr.
Bürgermeister-
Töpfer-
straße
Bachstr.
Zimmermannstraße
Geschwister-Scholl-Str.
Lutherstraße
Sternstraße
Pfaffengasse
Marstallstr.
Juristenstr.
Jüdenstraße
Coswiger Straße
Schlossstraße
Neustraße
Fleischerstraße
Mittelstraße
Collegienstraße
Kupfer-
Wilhelm-Weber-Straße
Wallstraße
Hallesche Straße
Am Stadtgraben
Dessauer Ring
Weserstraße
Brückenkopf
187
N
W
O
S

# LUTHER UND DIE ORTE DER REFORMATION



Ein Gang zu den Lutherstätten und den historischen Sehenswürdigkeiten Wittenbergs kann von der östlichen oder der westlichen Grenze der Altstadt aus angetreten werden: Von der Luthereiche an der Einmündung der Lutherstraße in die Collegienstraße im Osten oder von der Schlosskirche im Westen aus. Wir empfehlen die „UNESCO-Meile" vom Schlossplatz durch die Schlossstraße, über den Markt und entlang der Collegienstraße zum Höhepunkt – dem Lutherhaus – und zur Luthereiche zu wählen.

## 1 SCHLOSSKIRCHE

S. 14

Organisation der Vereinten Nationen für Bildung, Wissenschaft, Kultur und Kommunikation

Luthergedenkstätten in Eisleben und Wittenberg Welterbestätte seit 1996

★ TOP-TIPP

Das Gotteshaus, das im Jahr seiner ersten Weihe 1509 den ganzen Nordflügel des einst prachtvollen Schlosses der Kurfürsten von Sachsen einnahm, ist fest mit dem Wirken Martin Luthers verbunden. An die *Tür des Haupteinganges* schlug der „kühne Mönch" am 31. Oktober 1517 seine 95 Thesen „Über die Kraft der Ablässe" in lateinischer Sprache an. Ob die Veröffentlichung exakt an diesem Tag und in dieser Form geschah, ist – trotz in jüngster Zeit gemachter Quellenfunde – unter Historikern noch immer umstritten. Fest steht hingegen, dass Luther seine Thesen an diesem Tag in zwei Briefen versandte. Einer von ihnen, an Albrecht von Hohenzollern, Erzbischof von Magdeburg und Administrator von Halberstadt gerichtet, ist erhalten geblieben. Also gilt wie seit Jahrhunderten: Mit dem 31. Oktober 1517 begann die Reformation der christlichen Kirche in Deutschland und der Welt. Der 31. Oktober ist als Reformationstag gesetzlicher Feiertag in den überwiegend protestantischen Bundesländern Deutschlands. In der Schlosskirche, sie war auch Stiftskirche der Augustiner-Eremiten, befand sich bis zur Reformation die Reliquiensammlung des Kurfürsten Friedrichs des Weisen. Sie bestand 1523 aus 19.013 Partikeln und versprach dem Besucher des Gotteshauses Ablass. 116 besonders kostbare Stücke waren bereits 1509 im „Wittenberger Heiltumsbuch" abgebildet. Die Schlosskirche war aber auch Universitätskirche. Hier hat Luther gepredigt und hier wurde er am 22. Februar 1546 begraben. Das

## 4 VON 95 THESEN

27. Menschenlehre verkündigen die, die sagen, dass die Seele (aus dem Fegefeuer) emporfliege, sobald das Geld im Kasten klingt.
28. Gewiss, sobald das Geld im Kasten klingt, können Gewinn und Habgier wachsen, aber die Fürbitte der Kirche steht allein auf dem Willen Gottes.
75. Es ist irrsinnig zu meinen, dass der päpstliche Ablass mächtig genug sei, einen Menschen loszusprechen, auch wenn er – was ja unmöglich ist – der Gottesgebärerin Gewalt angetan hätte.
79. Es ist Gotteslästerung zu sagen, dass das (in den Kirchen) an hervorragender Stelle errichtete (Ablass)Kreuz, das mit dem päpstlichen Wappen versehn ist, dem Kreuz Christi gleichkäme.

www.ekd.de/glauben/95_thesen.html (deutsche Übersetzung)
http://la.wikisource.org/wiki/95_Theses (lateinisches Original)

Gebäude selbst hat ein wechselvolles Schicksal erfahren. 1760, im Siebenjährigen Krieg Preußens gegen Österreich und dessen Verbündete, brannte es, wie das Schloss und weite Teile der Stadt, bei einer Beschießung durch die Reichsarmee vollständig aus. Fast die gesamte Innenausstattung, auch die Thesentür, ging verloren, erhalten blieben nur wenige wertvolle Grabmale. Nach einem schlichten Wiederaufbau kam es 1813 zu schweren Verwüstungen durch napoleonische Truppen; das Schlossareal war von 1806 bis 1813 französische Festung. Erst 1885 bis 1892 erfolgte auf Initiative und mit direkter Unterstützung durch das preußische Königs- und deutsche Kaiserhaus ein grundlegender Umbau, eine Erneuerung des Gotteshauses im Sinne einer Gedächtnishalle der Reformation und eines evangelischen Nationaldenkmals. Besonders augenfällig sind der 88 m hohe *Turm* mit der umlaufenden Schrift „Ein feste Burg ist unser Gott" und das *Thesenportal* (1858 im originalen Türgewände von 1499). In sechs Kolumnen erscheinen auf seinen beiden Türflügeln die 95 Thesen in lateinischer Sprache, die deutsche Übersetzung wird im Eingangsbereich der Schlosskirche gegeben. Auch die achteckigen Säulen im Inneren, die Emporen im Stil der Spätgotik, das sehr hohe Gewölbe sowie fast alle Ausstattungsstücke stammen aus jenen Jahren. Zu ihnen zählen das *Chorgestühl*, die *Kanzel* und die *Orgel*, die Mehrzahl der *Chorfenster* und das vielgliedrige Werksteingehäuse des *Altaraufsatzes*. Die Standpfeiler mit den Apos-

◀ Grabdenkmal für Kurfürst Johann den Beständigen

Die Grabtumba von Martin Luther

telfiguren und den Gestalten der Reformatoren (u.a. Martin Luther, Philipp Melanchthon, Georg Spalatin, Nikolaus von Amsdorf, Johannes Bugenhagen und Justus Jonas) sind gleichfalls Kunstwerke des 19. Jh. Ebenso das *Taufbecken* (1832, nach einem Entwurf von Karl Friedrich Schinkel) und die niedrigen *Grabtumben* für Martin Luther (vor der Kanzel) und Philipp Melanchthon (im gleichen Joch gegenüber; 1892). Der Text auf Luthers Grabplatte lautet in deutscher Sprache: „An diesem Ort liegt der Leib Martin Luthers, Doktors der Heiligen Theologie, begraben, der im Jahre Christi 1546, am 18. Februar in seiner Vaterstadt gestorben ist im Alter von 63 Jahren." Der für Melanchthon lautet: „An dieser Stelle ist der Leib des Philipp Melanchthon, des heiligen Mannes, begraben, der im Jahre Christi 1560 am 19. April in dieser Stadt starb, nachdem er 63 Jahre, 2 Monate und 2 Tage gelebt hatte."
Die große *Bildnisgrabplatte Luthers* in der Nähe des Grabes ist ein Nachguss des Originals von Heinrich Ziegler (Augsburg, 1548), das sich in der Michaeliskirche in Jena befindet. 1983, anlässlich der Luther-Ehrung der DDR, erhielt die Kirche einige *neue Fenster*, sie zeigen Bildnisse Luthers und Melanchthons und von Männern, die halfen, die Gedanken der Reformation in ganz Europa zu verbreiten.
Originale Kunstwerke aus der Frühzeit der Reformation sind u.a. die

*Grabdenkmale* für die Kurfürsten Friedrich der Weise und Johann der Beständige (reg. 1525–1532), die Luther förderten und schützten. Die Kunstwerke wurden 1527 bzw. 1534 von den bedeutenden Eisengießern Peter Vischer d. J. bzw. Hans Fischer gegossen. Die knienden *Freifiguren der Kurfürsten* sind vermutlich bereits um 1520 in Augsburg entstanden. Wichtige Zeugen altdeutscher Steinmetzkunst sind die Grabdenkmale für Elisabeth und Rudolf II. von Sachsen-Wittenberg (nach 1373) und das für ihre Tochter Elisabeth († 1353). Beide Denkmale kamen erst Ende des 19. Jh. aus der aufgehobenen Franziskanerkirche in die Schlosskirche.

Die Schlosskirche, seit 1817 Kirche des Predigerseminars Wittenberg, hat sich insbesondere in den Jahren der DDR einen Namen gemacht. Von ihrer Kanzel wurde – ganz im Sinne Luthers – „deutsch" gesprochen, wurden die Dinge beim Namen genannt und Reformen der Gesellschaft eingefordert. Heute gehört das Gotteshaus – laut einer Umfrage des ZDF – neben dem Brandenburger Tor in Berlin und dem Kölner Dom zu den drei Lieblingsbauten der Deutschen.

Tel.: (0 34 91) 40 25 85 (Kartenreservierung für Führungen/Veranstaltungen)
schlosskirche@kirche-wittenberg.de
musikschlosskirche@gmx.de
www.schlosskirche-wittenberg.de

**Karfreitag–Okt. Mo.–Sa. 10–18 Uhr, So. 11.30–18 Uhr, Nov.–Gründonnerstag Mo.–Sa. 10–16 Uhr, So. 11.30–16 Uhr, Gottesdienste: So. 10 Uhr, Orgelmusik: Mai–Okt. Di. 14.30–15 Uhr**

## 2 SCHLOSS S. 14

Von der ab 1489 erbauten Residenz Friedrichs des Weisen sind nur noch Spuren vorhanden, kaum etwas erinnert mehr daran, dass an dieser Stelle eines der schönsten Bauwerke der Frührenaissance in Deutschland stand. Wie das dreiflügelige Schloss einmal ausgesehen hat, wissen wir nur aus wenigen Abbildungen, darunter Arbeiten von Cranach d. Ä. Schon bald nach dem Tod des Kurfürsten 1525 begann eine Umwidmung der Anlage, verstärkte sich der Festungscharakter des Schlosses, denn sein Bruder und Nachfolger, Kurfürst Johann der Beständige, war in einem für Wittenberg wichtigem Punkt nicht beständig: Er gab seiner Residenz in Torgau den Vorzug. Im Schmalkaldischen Krieg wurden die Hauben der Türme abgebrochen, um Plattformen für Kanonen zu gewinnen, 1760 zerstörte die Beschießung Wittenbergs durch die Reichsarmee wesentliche Bausubstanz – Schloss und Schlosskirche brannten in weiten Teilen aus. Was blieb, sank zum Verwaltungssitz herab. Auch dem Wiederaufbau der Barockzeit war keine Dauer beschieden. 1819 begann der Ausbau der von 1806 bis

1813 französischen zur preußischen Zitadelle, erst 1918 zog das Militär ab und zivile Nutzungen griffen Raum. Vom ursprünglichen Bau haben nur noch die mehrgeschossigen spätgotischen Treppenhäuser mit ihren auffälligen Arkaden und Gewölben links und rechts an den Hofseiten des Westflügels Bedeutung. Im Schloss befindet sich das Museum für Natur- und Völkerkunde mit den Städtischen Sammlungen (vgl. S. 47).

## 3 SCHLOSSPLATZ S. 14

Wer aus der Tür der Schlosskirche tritt, sieht auf der gegenüberliegenden Seite ein stattliches Gebäude, das noch Elemente seiner Gründungszeit um 1391 bewahrt hat, darunter einen Treppenturm. In dieser ehemaligen „Alten Canzley" wohnte von 1521 bis 1541 Justus Jonas (1493–1555), Freund Luthers und ein Mann, der sich u. a. als Superintendent der protestantischen Kirche große Verdienste um die Verbreitung des neuen Glaubens erworben hat. Heute befindet sich im Haus ein Hotel, das auch eine kleine *archäologische Ausstellung* zu den Anfängen der Wittenberger Stadtgeschichte unterhält.

*Ausstellung in der ehemaligen „Alten Canzley"*
Tel.: (0 34 91) 42 91 90
www.alte-canzley.de
**Mai–Okt. Mo.–Sa. 16–19 Uhr,**
**Nov.–April Di.–Sa. 16–19 Uhr**

Das Haus Schlossplatz 2 ist Sitz der *Wittenberg-Information*, die ein um-

Blick von der Schlosskirche auf die „Alte Canzley"

fangreiches touristisches Angebot bereithält (vgl. S. 169).

## 4 SCHLOSSSTRASSE S. 14

Auf dem Weg zum Markt kommt der Besucher an Häusern vorüber, die in ihrer Mehrzahl aus dem 19. Jh. stammen. Dass in den Vorgängerbauten bedeutende Leute lebten und arbeiteten, belegen die zahlreichen Gedenktafeln an ihren Fassaden.

Den Auftakt macht eine Tafel zur Erinnerung an Johann Friedrich Böttger (1682–1719), der sich auf der Flucht vor dem Preußenkönig als Student in Wittenberg tarnte, 1701 aber verhaftet, nach Dresden verbracht und später auf der Festung Königstein festgehalten wurde. Er sollte Gold herstellen, erfand aber – was wohl ebenso gut war – das europäische, das Meißener Porzellan. Am *Niederen Schloss*, einst Verwaltungssitz der Kurfürsten (Hausnummer 15), weisen Tafeln auf den Bauernführer Florian Geyer (1490–1525) hin und auf den Erfinder des Logarithmensystems, den Mathematiker Michael Stifel, (1487–1567). In der Schlossstraße *Nr. 10* wurde der Physiker Wilhelm Eduard Weber (1804–1891) geboren, er hat, zusammen mit Carl Friedrich Gauß 1833 den ersten praxistauglichen Telegrafen gebaut. Ihm zu Ehren ist die Einheit des magnetischen Flusses (Wb) nach Wittenberg benannt. Werner von Siemens, Vater der Elektrotechnik in Deutschland, wohnte als Leutnant im Haus *Nr. 26*. Auch vom Theologen, radikalen Prediger und Bauernführer Thomas Müntzer (um 1490–1525) heißt es, dass er in seiner Wittenberger Zeit in der Schlossstraße gewohnt hat. Sein Verhältnis zu Luther und dessen Reaktionen auf die Radikalisierung der Reformation und die Bauernkriege werden in der Ausstellung des Lutherhauses anhand von Dokumenten erläutert.

## 5 CRANACHHÖFE S. 14

★ ENTDECKER-TIPP

Der Cranachhof in der *Schlossstraße Nr. 1* wurde in jüngster Zeit aufwändig rekonstruiert, dennoch befindet er sich wohl nur annähernd in dem Zustand, in dem er um 1540 gewesen ist. Lucas Cranach d. Ä. (vgl. S. 56), der auch – nur wenige Meter entfernt – am *Markt Nr. 4* ein großes Wohnhaus besaß, hatte die weitläufigen Gebäude 1518 erworben, um hier seine Malwerkstatt unterzubringen. Ob es stimmt, dass in den Häusern – dem Vorderhaus an der Schlossstraße, den tiefen Flügeln hin zum abschließenden Hofgebäude – über 80 beheizbare Zimmer und mehr als ein Dutzend Küchen untergebracht waren, lässt sich heute nicht mit Sicherheit sagen. Groß war die Werkstatt auf jeden Fall, denn der Meister beschäf-

Im Cranachhof

tigte außer seinen Söhnen Hans (1513?–1537) und Lucas (1515–1586) Dutzende von Mitarbeitern, die dennoch mit der Anfertigung von Lutherbildnissen kaum nachkamen, so stark war die Nachfrage.

Schon 1544 waren die Häuser an Lucas Cranach d. J. (1515–1586) gekommen, der das Vermächtnis seines Vaters fortsetzte, seinerseits aber wieder um- und ausbauen ließ. Auch die Beschießung Wittenbergs von 1760 brachte Verluste an ursprünglicher Bausubstanz, ab 1773 erfolgten wieder Bauarbeiten, damals entstanden wohl die schmalen Fachwerkhäuser an der rechten Hofseite, 1769 zog ins Vorderhaus die Apotheke „Zum Adler" ein, die heute noch am gleichen Ort besteht. Sie geht auf Lucas Cranach d. Ä. zurück, der 1520 vom Kurfürsten ein Apothekenprivileg erhielt und es auch nutzte. Trotz aller Bau- und Umbauarbeiten ergibt sich, auch aufgrund des den Hof abschließenden niedrigen Querbaues, das recht authentische Bild eines Werkhofes in der frühen Neuzeit. Eine Offizin, eine handwerklich betriebene Druckerei, gab es in den Cranachhöfen bereits in der Reformationszeit. Lucas Cranach d. Ä. und der Buchdrucker Christian Döring betrieben sie gemeinsam. Hier entstanden die zumeist von Cranach bzw. seiner Werkstatt illustrierten Drucke der Schriften der Reformatoren sowie zahllose Flugblätter und Streitschriften der Reformation.

In der historischen Druckerstube im Cranachhof

Dazu kamen aber auch Holzschnitte, Kupferstiche und Medaillen, sie tragen fast immer das Zeichen der geflügelten Schlange, das Signet Cranachs. Mit Recht, denn von ihm stammen in aller Regel die Ideen und auch die Entwürfe, aber er brauchte viele Helfer, um alles in die Tat umsetzen zu können. Dazu gehörte auch die Ausstattung von fürstlichen Räumen und Kirchen nicht nur in Wittenberg, sondern in vielen Orten Kursachsens.

Die *historische Druckerstube* im Hof, in der alte Satz- und Drucktechniken vorgeführt und erläutert werden, erinnert zudem an die Wittenberger Meister Hans Lufft, Georg Rhau (1488–1548), Christian Döring, Melchior Lotter d.Ä. und Melchior Lotter d.J. († um 1528), die halfen, die Werke der Reformatoren in ganz Deutschland zu verbreiten. Auf welchem hohen Niveau die Buchdruckkunst in Wittenberg stand, zeigt u.a. die Studienausstellung im Kleinen Hörsaal des Lutherhauses. Zu Luthers Lebzeiten arbeiteten wenigstens zehn ausgezeichnete Meister in der Stadt.

Schlossstraße

*Druckerstube*

**Mo.–Fr. 9–17 Uhr, Sa. 10–13 Uhr**

## 6 CRANACHHAUS S. 14

Cranachs erster Wittenberger Besitz war das *Haus Nr. 4* am Markt, direkt gegenüber dem Rathaus. Hier wohnte er ab 1512, hier gründete er später seine Apotheke und einen Weinausschank. Er war auch Unternehmer, ein Kaufmann, der mit vielem handelte, unter anderem mit dem, was schon im Kunstbetrieb seiner Zeit wichtige Materialien waren: Sandstein, Farben und Papier. Auch an diesem Haus ist in den vergangenen Jahrhunderten viel gebaut und umgebaut worden. Dennoch blieb der Charakter eines großen Patrizieranwesens erhalten. Lucas Cranach d. Ä. war einer der reichsten Männer der Stadt, Hofmaler dreier Kurfürsten. Sein Künstlertum, aber auch seine Geschäftstüchtigkeit sind noch heute am Charakter des tiefen Hofes abzulesen, der noch traditionell vielfältig, aber der Würde des Ortes entsprechend, genutzt wird.

Im Haus zeigt die Cranach-Stiftung die Dauerausstellung „Lucas Cranach d. Ä. – Seiten eines Künstlerlebens" sowie wechselnde Sonderausstellungen. In einigen aufwändig sanierten Renaissance- und Barockräumen – manche werden auch heute wieder als Ateliers und Werkstätten genutzt – sieht man noch wertvolle Wandmalereien des 16. und 17. Jh. Sie wurden bei der umfassenden Restaurierung des Gebäudes 1995 entdeckt. Der Malschule (Mitglied im Bundesverband der Jugendkunstschulen), die ein gutes Angebot für Interessenten aller Altersstufen bereithält, wurden Räume am Hof des Hauses Schlossstraße 1 zur Verfügung gestellt.

Markt 4
Tel.: (0 34 91) 4 20 19 11
cranach-stiftung@web.de
www.cranach-stiftung.de
*Cranachhaus und Cranachhöfe*
**Mai–Okt. Mo.–Sa. 10–17 Uhr, So., Feiertage 13–17 Uhr, Nov.–April Di.–Sa. 10–17 Uhr, So., Feiertage 13–17 Uhr, Führungen nach Vereinbarung**

## 7 MARKTPLATZ S. 14

Hauptgebäude auf dem viereckigen Marktplatz ist das von 1523 bis 1535 erbaute *Rathaus*. Seine endgültige Gestalt als repräsentatives

### WITTENBERGS STADTBÄCHE

Im Mittelalter und noch bis weit ins 19. Jh. hinein sprudelten schnelle Bäche mitten durch die Stadt. Sie hatten wichtige wirtschaftliche Funktionen, dienten mancherlei Handwerkern, dem Müller wie dem Gerber. Um 1870 wurden sie nach und nach geschlossen, überbaut und kanalisiert. 2001 besann man sich des schönen alten Stadtbildes und begann die historischen Bäche wieder zu öffnen, höherzulegen und sicher einzufassen. Heute laufen der Rischebach und der Trajuhnsche Bach wieder munter durch die Jüden- und die Collegienstraße und längs des Marktes; andere Fließstrecken und Bäche sollen im Rahmen des Stadtumbaus folgen – zur Freude der Einwohner und der Touristen.

Der Marktplatz mit dem Renaissance-Rathaus

Renaissance-Bauwerk erhielt der dreigeschossige spätgotische Unterbau durch die 1570 bis 1573 aufgesetzten Zwerchhäuser. Sie stellen das Rathaus der damals kleinen Stadt Wittenberg gleichberechtigt in eine Reihe mit den bedeutenden Rathäusern in Torgau, Zeitz, Meißen oder Freiberg, Städte, die damals ungleich mächtiger waren.

Bis in das 18. Jh. hinein diente das Rathaus auch als Kaufhaus der Tuchmacher, Kürschner und Schuster, als Brotbank, Sitz des Gerichts, als Gefängnis und Marterstätte. Stets aber war es, bis auf den heutigen Tag, auch Sitz der Stadtverwaltung. Hier ist die *Dauerausstellung „Christliche Kunst im 20. Jahrhundert"* untergebracht (vgl. S. 47). Der prunkvolle *Portalvorbau* von 1573 zeigt Justitia, die Göttin der Gerechtigkeit, umgeben von den christlichen Tugenden Glaube, Liebe, Hoffnung, Tapferkeit, Weisheit und Geduld.

Vor dem Rathaus befinden sich die *Denkmale für Luther und Melanchthon*. Beide Denkmale wirken, bis auf die Baldachine, wie aus einem Guss entstanden. So ist es nicht. Luthers Denkmal wurde nach dem 1805 von Johann Gottfried Schadow (1764–1850), dem Wegbereiter des Berliner Klassizismus, geschaffenen Modell gegossen und 1821 enthüllt. Vorbild für die Gestalt waren die von Lucas Cranach d. Ä. geschaffenen Porträts des Reformators. Sockel und Baldachin wurden von Karl Friedrich Schinkel (1781–1841) entworfen. Es war das erste öffentliche Denkmal für eine bürgerliche Persönlichkeit in Deutschland! Das Denkmal für Melanchthon wurde erst 1865 geweiht. Sein Schöpfer Friedrich Drake (1805–1882), ein später Schüler Schadows, schuf sein Monument in direkter Anlehnung an die Arbeit seines großen Lehrers (Baldachin: Heinrich Strack). Beide Bildwerke verweisen auf Grundlagen der Reformation und der evangelischen Lehre: Luther weist mit der Rechten auf Gottes Wort, auf die aufgeschlagene Bibel, Melanchthon hält die Urkunde der Augsburger Konfession, des evangelischen Glaubensbekenntnisses, in der Rechten und führt die Linke wie eine Schwurhand zum Herzen.

Der hinter dem Melanchthondenkmal erhaltene *Marktbrunnen* stammt von 1617. Zu dieser Zeit hatten die wohlhabenden Wittenberger bereits einen privaten Röhrwasseranschluss. Der Marktbrunnen diente zur Versorgung der ärmeren Bevölkerung, natürlich auch den Händlern auf dem Markt und dem Vieh als Tränke.

## 8 BEYERHOF S. 14

Direkt gegenüber dem Rathausportal wurde 1512 ein prächtiges Anwesen erbaut. Es gehörte später dem Juristen Christian Beyer (1503–1532), der trotz seiner Jugend zu einem der reichsten Männer Wittenbergs aufstieg. Beyer, ein Anhänger Martin Luthers, war kurfürstlicher Kanzler, auch mehrfach Bürgermeister und ein durch und durch unerschrockener Mann. 1530 trug er dem katholischen Kaiser Karl V. die Augsburgische Konfession, das Glaubensbekenntnis der Protestanten, in deutscher Sprache vor.

Das Vorderhaus des Beyerhofs wurde 1813 zerstört, doch wieder aufgebaut, am Hinterhaus aber hat sich noch manches aus dem 16. Jh. erhalten, darunter ein die Dächer überragender *Wendelstein* und *spätgotische Arkaden* mit hölzernen Obergeschossen. Das unterlebensgroße *Sandsteinrelief mit dem Bildnis des Kurfürsten Johann Friedrich* (1503–1553) entstand 1542 in den Cranach-Werkstätten. Das gelegentlich nur als Ritterbild bezeichnete Denkmal (rechts unter den Arkaden) war ursprünglich in die Befestigung am Elstertor eingelassen, um die Feinde zu schrecken. Johann Friedrich, genannt der Großmütige, war Feldherr des Schmalkaldischen Bundes und wurde 1547 in der Schlacht von Mühlberg von den Truppen Karls V. geschlagen. Er musste anschließend auf die Kurwürde verzichten.

Markt 6

## 9 STADTKIRCHE ST. MARIEN

S.14

Organisation der Vereinten Nationen für Bildung, Wissenschaft, Kultur und Kommunikation

Luthergedenkstätten in Eisleben und Wittenberg
Welterbestätte
seit 1996

Luthers Predigerkirche ist nicht nur das älteste Gotteshaus Wittenbergs, es ist das älteste Gebäude der Stadt. Obwohl sein Charakter von vielen Generationen geprägt wurde, haben sich doch wesentliche Elemente aus dem 13. Jh. erhalten. Dazu zählen der asymetrische zweischiffige Chor mit seiner Kreuzrippenwölbung und mehrere Bauplastiken, darunter Schlusssteine, die figürlichen Schmuck und Blattornamente tragen. Auch die aus Feldsteinen aufgeführten *Doppeltürme* weisen bis zu ihren Plattformen in mehr als 60 m Höhe ein beachtliches Alter auf. Mit ihren Hauben (1556/57) erreichen sie fast 80 m und bestimmen zusammen mit dem Turm der Schlosskirche die Silhouette der Lutherstadt.

So eindrucksvoll das Innere von St. Marien auch ist, bereits der Gang rund um die Kirche lohnt. Der Besucher sieht dabei nicht nur das Westportal mit dem Relief der Maria, nach ihm wird dieser Zugang auch *Marienportal* genannt, sondern ebenso die aufwändig gestalteten Seitenschiffportale und an der Südseite ein Relief des Gekreuzigten mit beiden Marien, der Gottesmut-

Marienportal der Marktkirche

## LUTHER UND DIE MUSIK

Dass Luther eine solide musikalische Ausbildung genossen hat, ein begeisterter Sänger und ein begabter Lautenspieler war, ist nicht mehr allgemein bekannt. Zu einigen seiner Gedichte hat er selbst die Melodien geschaffen. Vor allem hat er dafür gesorgt, dass der gemeinschaftliche Gesang der Gläubigen einen zentralen Platz im Gottesdienst und im Gemeindeleben erhielt. Das von seinem „Hauskantor" Johann Walter (1496–1570) bereits 1524 herausgegebene „Geistliche Gesangbüchlein" enthält u.a. 24 Lieder des Reformators. Luther hat zwei Jahre später mit der „Deutschen Messe" auch fachkundige Anweisungen für den einstimmigen liturgischen Gesang gegeben.

ter und Maria Magdalena, zu Füßen. Dazu kommen an den Außenmauern zahlreiche Grabplatten der auf dem ehemaligen Kirchhof begrabenen Mitglieder der Gemeinde.

Das Innere der Kirche hat unter dem Bildersturm des Jahres 1522 stark gelitten. Damals entlud sich der antirömische Zorn der Wittenberger, angestachelt von Andreas Bodenstein (1477–1541), genannt Karlstadt, in wilder Zerstörungswut. Ihr fiel fast die gesamte mittelalterliche Ausstattung zum Opfer. Als Martin Luther, seit 1514 Prediger an St. Marien, aus seinem Exil auf der Wartburg herbeieilte, um diesem Treiben ein Ende zu setzen, war nur noch wenig zu retten. Dazu zählt das in Bronze gegossene, von Löwen getragene *Taufbecken* mit den Gestalten der vier Apostel (1457 von Hermann Vischer d.Ä., Nürnberg).

Die Ausstattung spiegelt heute überwiegend den Geist der Reformation. Im Zentrum steht der 1547 geweihte berühmte *Reformations- oder Cranachaltar.* Das Werk aus einem Geist stammt nicht aus einer Hand: Zwei große Meister haben es gemalt – Lucas Cranach d.Ä. und sein gleichnamiger Sohn. Die Mitteltafel, um 1530 von Lucas Cranach d.Ä. geschaffen, zeigt eine Abendmahlsszene. Bekannte Wittenberger im Habit der Renaissance sitzen hier mit dem Gottessohn zu Tisch: Lucas Cranach d.J. fungiert als Christi Mundschenk, und Martin Luther erscheint in seiner Verkleidung als bärtiger Junker Jörg. Luther und seine Mitstreiter werden so als echte Jünger Jesus charakterisiert. Beide Altarflügel und die Predella (Unterbau eines Flügelaltars) werden Lucas Cranach d.J. zugeschrieben. Auch diese drei Kunstwerke atmen den Geist der Reformation. Sie zeigen Porträts bekannter Wittenberger. Links ist u.a. Philipp Melanchthon bei der Taufe

▶ Marktkirche: Blick zum Taufbecken und zum Cranach-Altar

eines Kindes zu sehen, aber auch der Schirmherr der Reformatoren, Kurfürst Friedrich der Weise, taucht im Bild auf. Der rechte Flügel stellt die in der frühen protestantischen Kirche noch übliche Beichte und öffentliche Bußfertigkeit dar – mit Johannes Bugenhagen (1485–1558) als Beichtvater. In der Predella predigt Luther von der Kanzel der versammelten Gemeinde. Zu ihr gehören seine Frau Katharina mit beider Sohn Hans und Lucas Cranach d. Ä. Die Außenseiten der Flügel (sichtbar an der Rückseite des Altars) illustrieren biblische Themen.

Die Fragmente der Lutherkanzel, von der der Reformator am 15. Oktober 1525 zum ersten Mal in deutscher Sprache predigte, befinden

Plastik des hl. Andreas an der Marktkirche

sich heute als Dauerleihgabe im Lutherhaus. Zahlreiche *Epitaphe* erinnern an Reformatoren und andere bedeutende Zeitgenossen. Auf Johannes Bugenhagen weist seine vollplastische Grabplatte am südlichen Chorpfeiler hin (1558 von Simon Schröter, Torgau). Die lateinische Inschrift lautet in deutscher Übersetzung: „Johannes Bugenhagen aus Pommern, 38 Jahre lang Pfarrer der Gemeinde zu Wittenberg. Im Jahre 1558, am 20. April, im Alter von 73 Jahren starb der verehrungswürdige Mann." Auch Lucas Cranach d. J. wurde in der Kirche beigesetzt. Sein Epitaph zeigt ein Alabasterrelief mit der Grablegung Christi (um 1606 von Sebastian Walter). Im Chor befindet sich weiterhin der Grabstein von Hans Lufft, der 1534 den ersten vollständigen Druck der Lutherbibel – Altes und Neues Testament in einem Band – besorgte und sich auch durch den Druck zahlreicher Schriften Luthers großes Verdienst erworben hat. Das Epitaph für den Nachfolger Melanchthons als Prediger, den Theologieprofessor und Pfarrer an St. Marien Paul Eber, demonstriert die geistigen Kämpfe der Zeit: Die Reformatoren pflegen den Weinberg des Herrn, aber die „Papisten" zerstören ihn. Das nimmt Bezug nicht nur auf das Bibelwort, sondern auch auf den Text der Bannandrohungsbulle des Papstes Leo X.

(1475–1521). Darin hatte der Heilige Vater Luther als Wildschwein bezeichnet, das den Weinberg des Herrn verdirbt und kahlfrisst.

Auch das Epitaph des ersten Rektors der Leucorea, Martin Pollich von Mellerstadt (1477–1514), ist erhalten. Von ihm stammen die prophetischen Worte (1509) über den jungen Augustinermönch Luther: „Der Mönch wird alle Doktoren irre machen und eine neue Lehre aufbringen und die ganze römische Kirche reformieren. Denn er legt sich auf der Propheten und Apostel Schrift und steht auf Jesus Christi Wort. Das kann keiner weder mit Philosophie noch Sophisterei … umstoßen und anfechten."

Alle diese wichtigen Ausstattungsstücke von St. Marien wurden 1810 bei der Neugestaltung des Innenraumes durch Carlo Ignazio Pozzi (1766–1842) bewahrt. Der Architekt des Fürsten Leopold III. Friedrich Franz von Anhalt-Dessau hat eine feingliederige Neugotik (man hielt sie für den wahren altdeutschen Stil) gewählt. Aus dieser Bauphase stammen die *Kanzel*, die *Professorenlogen* und Teile des Orgelprospektes. Die Restaurierungen von 1967 und 1983 haben Pozzis Fassung im Wesentlichen respektiert.

info@kirche-wittenberg.de
www.stadtkirchengemeinde-wittenberg.de

**Ostern–Nov. Mo.–Sa. 10–18 Uhr, So. 11.30–18 Uhr, Nov.–Ostern Mo.–Sa. 10–16 Uhr, So. 11.30–16 Uhr. Führungen nach Vereinbarung: Tel. (0 34 91) 40 44 15. Mittagsgebet: Mo., Di., Do. 12 Uhr. Jeden Sonntag 10 Uhr: Lutherischer Gottesdienst, März–Okt. jeden 1. So. im Monat: Gottesdienst mit den Wittenberger Kanzelreden von namhaften Persönlichkeiten aus Kirche, Kunst und Politik. Vielfach Konzerte, auch Theater- und Opernaufführungen, Gastspiele internationaler Chöre und Solisten.**

## 10 KIRCHPLATZ S. 14

Am Kirchplatz um St. Marien befinden sich keine Gebäude mehr, die in ihrer heutigen Gestalt schon zu Luthers Zeiten vorhanden waren. Ursprünglich stand die Kirche freier, in Richtung Markt gab es nur einige Katen, und der Eingang der Jüdenstraße lag nicht wie heute kaum einsehbar hinter vorspringenden Gebäuden. Ältestes Haus am Platz ist das *Gymnasium*, das aus gutem Grund hier 1564 auf einem Vorgängerbau, der alten Lateinschule, errichtet wurde. Am Kirchplatz lagen weitere Schulen, hier war das Schulviertel der Stadt; der Weg von der obligatorischen Morgenandacht der Zöglinge in der Stadtkirche zu ihren harten Bänken war äußerst kurz. Das 1828 umgebaute Haus diente zwischenzeitlich als Gewerbedomizil, heute gehört es

Das Bugenhagenhaus mit dem Denkmal des Wittenberger Predigers

der amerikanischen Selbständigen Evangelisch-Lutherischen Kirche (SELK), die hier ein Pilgerzentrum unterhält. Das *Bugenhagenhaus*, in dem der Seelsorger, Weggefährte und Freund Luthers mit seiner Familie lebte und arbeitete, um jederzeit in der Stadtkirche sein Predigeramt wahrnehmen zu können, wurde mehrfach umgebaut. An Originalsubstanz ist nur noch wenig vorhanden. Die Sanierung von 2004/07 hat aber seinen historischen Charakter in eindrucksvoller Weise herausgearbeitet. Im Haus befindet sich heute ein Gemeinde- und Begegnungszentrum. Eine Gedenktafel und ein 1894 errichtetes *Denkmal* in unmittelbarer Nähe des Hauses erinnern an den bedeutenden Reformator, der sich um das frühneuzeitliche Bildungswesen verdient gemacht hat.

*Bugenhagenhaus*
www.bugenhagenhaus.de

An der Südostseite der Stadtkirche, neben einer Zeder, die auf das bekannte Bibelwort (Ps. 92,13) Bezug nimmt, befindet sich ein Mahnmal, das auf den ersten Blick kaum zu bemerken ist. Die große *Bronzetafel zur Erinnerung an die verfolgten und ermordeten jüdischen Mitbürger Wittenbergs* (Entwurf Wieland Schmiedel) wurde 1988 zum 50. Jahrestag der sogenannten „Reichskristallnacht" in das alte Pflaster eingelassen. Auch in Wittenberg war es nicht anders als in vielen Städten und Dörfern Deutschlands. Juden wurden aufgrund ihres Glaubens über Jahrhunderte gedemütigt, vertrieben, ja ermordet. Die Haltung der Reformatoren zu den Andersgläubigen, ihre Äußerungen zum Judentum, zählen keineswegs zu den Ruhmesblättern deutscher Geschichte. Das dicht an der Bronzeplatte in etwa zehn Meter Höhe unter dem Dach in die Kirchenmauer eingelassene unsägliche Schmäh- und Spottbild von 1304 – genannt die *Judensau* – wird als Mahnung und Erinnerung dort belassen. Die Inschrift der Bronzeplatte auf deutsch und hebräisch lautet: GOTTES EIGENTLICHER NAME DER GESCHMÄHTE SCHEM-HAMPHORAS DEN DIE JUDEN VOR DEN CHRISTEN UNSAGBAR HEILIG HIELTEN STARB IN SECHS MILLIONEN JUDEN UNTER EINEM KREUZESZEICHEN. Dazu heißt es – nur in hebräischer Sprache – „Aus der Tiefe rufe ich, Herr, zu dir" (Ps 130).

Die *Fronleichnamskapelle* ist das nach der Marienkirche älteste Gebäude am Platz. Sie wurde erstmals 1368 errichtet, 1456, nach ihrer weitgehenden Zerstörung, aber in dieser schlichten Form wieder aufgebaut: Ein dreiseitiger Chor und ein ebenso achteckiges Türmchen sind ihre ganze Zier. Im 16. Jh., nach der Auflösung der Begräbnisstätten auf dem Kirchhof rings um St. Marien (ab 1527), wurden auch an den Außenwänden der Kapelle *Epitaphe* aufgestellt, die an Bürger erinnern,

Das Mahnmal zur Erinnerung an die verfolgten und ermordeten jüdischen Mitbürger Wittenbergs wurde 1988 eingeweiht

die einst zur Gemeinde der Stadtkirche gehörten. Begräbnisgottesdienste fanden in der Kapelle bis 1772 statt, dann folgten weltliche Nutzungen als Depot einer Gemäldesammlung, später war hier das Heimatmuseum untergebracht, heute wird sie wieder von der St.-Marien-Gemeinde genutzt.

## 11 COLLEGIENSTRASSE S. 14

Der Name sagt es. Diese Straße ist eng mit der 1502 von Friedrich dem Weisen gegründeten Universität verbunden, an ihr lagen die Kollegien, also die Gebäude der Alma Mater. Von den Bauten, in denen Martin Luther ab 1508 studierte und später promovierte, vom 1503 errichteten Alten Collegium, auch vom Neuen Collegium (1509–1513) ist nichts mehr erhalten. Was heute zu sehen ist, entstand überwiegend in späteren Jahrhunderten, vor allem im 19. und frühen 20. Jh. Gedenktafeln an den Häusern erinnern an berühmte Professoren. Unter ihnen war Daniel Titus (1729–1796). Der Mathematiker und Physiker baute auf der Grundlage der Erkenntnisse von Benjamin Franklin den ersten Blitzableiter in Deutschland (Haus Nr. 76). In der Collegienstraße Nr. 81 wohnten Luthers Zeitgenossen und Freunde, die Juristen und Reformatoren Caspar Cruziger (1504–1548) und Hieronymus Schurff (1495–1554), auch

Die Collegienstraße mit dem Portal der Leucorea

die erste evangelische Lieddichterin Elisabeth von Meseritz († 1535). Der wohl bekannteste evangelische Kirchenlieddichter, Paul Gerhardt, wohnte im Haus Nr. 7 (vgl. S. 49).

## 12 LEUCOREA

S. 14

Die Gebäude der altehrwürdigen, im Jahre 1502 gegründeten Wittenberger Universität sind nicht mehr in ihrer originalen Gestalt erlebbar. (Eine Ausnahme bildet das Augusteum, vgl. S. 36). Sie wurden im Laufe der Jahrhunderte mehrfach vollständig umgebaut, erst recht nach der Auflösung der Leucorea und ihrer Zusammenführung mit der Universität Halle 1817. Im 19. Jh. wurde das Alte Colleg Kaserne … Nach grundlegender Sanierung ist heute vor der dreiflügeligen Anlage wieder ein Campus entstanden. Er wird durch eine Reihe großer Granitplatten quadratisch gefasst. Sie tragen die Namen aller deutschsprachigen Universitäten, die vor der Leucorea im 14. und 15. Jh. gegründet wurden. Neben der frühesten Gründung (Prag 1348) und der letzten des 15. Jh. in Tübingen (1477) sind das zwölf weitere Hohe Schulen. Wittenberg aber hat sie – zumindest im 16. Jh. – alle an Ruhm übertroffen. An die Namen der bedeutendsten Gelehrten der Universität erinnern heute Gedenktafeln am Mittelbau. Die Leucorea wurde 1994 als Stiftung des öffentlichen Rechts neu gegründet. Unter ihrem Dach residieren heute mehrere wissenschaftliche Vereine, auch Institute der Martin-Luther-Universität Halle-Wittenberg, sowie die Luther-Gesellschaft, das Zentrum für Reformationsgeschichte, das Zentrum für globale Ethik und die Geschäftsstelle „Reformationsjubiläum 2017".

Collegienstraße 62

www.leucorea.de

## 13 MELANCHTHON-HAUS

S. 14

Organisation der Vereinten Nationen für Bildung, Wissenschaft, Kultur und Kommunikation

Luthergedenkstätten in Eisleben und Wittenberg Welterbestätte seit 1996

1536 ließ der Kurfürst Johann Friedrich dem nach Luther berühmtesten Lehrer seiner Landesuniversität ein repräsentatives Wohnhaus unmittelbar neben der Leucorea erbauen. Über den beiden Obergeschossen des mit seiner Schmalseite quer zur Collegienstraße errichteten Hauses erheben sich Kreissegmentgiebel, die in Deutschland heute nur noch selten zu finden sind. Das Renaissancehaus ist in seinem Baukörper und seiner Raumaufteilung vorbildlich erhalten (restauriert 1995–1997) und zeigt in einer Dauerausstellung unter Melanchthons Wahlspruch „Ad fontes!" (Zu den Quellen!) Bücher, Handschriften und Kunstwerke, die an den „Lehrer Deutschlands" erinnern. Sehenswert sind insbesondere die Wappen im *Scholarenzimmer* (Originale von 1538–1543), ein Kachelofen (um 1560) und das *Studier- und Sterbezimmer Melanchthons* mit der 1897 im Stil des 16. Jh. nachgebauten Ausstattung. Moderne Informationstechnik erleichtert die Begegnung mit den Schriften des berühmten Gelehrten. Auch der *Garten* mit den über 400 Jahre alten Eiben und dem Steintisch, an dem Melanchthon und Luther gesessen haben, lohnt den Besuch.

Collegienstraße 60
Tel.: (0 34 91) 4 20 30
www.melanchthon.de
www.martinluther.de
**April–Okt. tgl. 10–18 Uhr, Nov.–März 10–17 Uhr, Mo. geschlossen, Führungen nach Voranmeldung**

## 14 AUGUSTEUM S. 14

Seit mehr als vier Jahrhunderten gelangt der Besucher des Lutherhauses und des Lutherhofes durch das prächtige Rundbogenportal des Augusteums an der Collegienstraße in das Haus des Reformators. Der heute noch gut erhaltene beeindruckende Baukörper entstand erst 1580–1586 und wurde seitdem mehrfach umgebaut. Ursprünglich enthielt er eine Bildergalerie der Kurfürsten und eine umfangreiche Bibliothek, ab 1686 auch das „Anatomische Theater" und ab 1736 mit dem Museum Anatomicum auch die vielseitige Präparatensammlung der Universität. Nach der Vereinigung der Wittenberger Alma Mater mit der Universität Halle wurde das Haus *Sitz des Evangelischen Predigerseminars*, das als eine der ältesten nicht universitären akademischen Ausbildungsstätten Deutschlands hier noch immer sein Domizil hat.

Besucher, die den einer breiten Halle gleichenden Durchgang zum Lutherhof passieren, sehen nicht nur die prachtvollen *Barockportale* an den Aufgängen zur ehemaligen Bibliothek. Sie werden auf das Erlebnis Lutherhaus eingestimmt. Die alten Deckenbalken tragen Zitate des Reformators. Darunter ist eine Aussage im Hinblick auf seine historische Tat am 20. Dezember 1520: „Ich habe einmal des Papstes Dekret allhier zu Wittenberg verbrannt und ich wollt's noch einmal verbrennen."

Collegienstraße 54

## 15 LUTHERHOF S. 14

Heute hat die kleine Fläche zwischen Augusteum und Lutherhaus den Charakter eines Parks. Zu Zeiten Luthers wurde sie bis auf den letzten Quadratmeter als Obst-, Gemüse- und Kräutergarten genutzt. Luthers

▶ Das Studier- und Sterbezimmer im Melanchthonhaus

Frau, Katharina von Bora (1499–1552) – „Herr Käthe", wie er sie ebenso respektvoll wie liebevoll nannte – benötigte auch seinen Ertrag, um ihre große Familie und die weit größere Schar der Gäste und Besucher angemessen bewirten zu können. Der Esser waren so viele, dass ein Kenner der Verhältnisse 1542 einem Freund abriet, Luther zu besuchen, denn: „Im Hause des Doktors wohnt eine wunderlich gemischte Schar aus jungen Leuten, Studenten, jungen Mädchen, Witwen, alten Frauen und Kindern, weshalb große Unruhe im Hause ist, deretwegen viele Leute Luthern bedauern."

Das *Denkmal Katharinas von Bora*, die von Luthers Feinden stets als „entlaufene Nonne" bezeichnet wurde, die in Wahrheit aber eine mutige, tapfere, selbstbewusste, im heutigen Verständnis emanzipierte Frau war, dominiert seit dem Jahr 2000 den Lutherhof (Bronzeplastik von Nina Koch). Sie schreitet voran, das ist durchaus symbolisch aufgefasst, aber sie geht auch auf das Haus zu, auf das große Sandsteinportal mit den spätgotischen Kielbogengewänden, das schon lange ihren Namen trägt: *Katharinenportal*. Sie hat es 1540 in Pirna in Auftrag gegeben und aus eigenen Mitteln errichten lassen. Über den einladend breiten Sitznischen, direkt unter den Baldachinen, befinden sich Sandsteinreliefs: *Luthers Brustbild* mit Doktorhut im Alter von 57 Jahren (links) trägt in lateinischer Schrift die Worte: „Durch Stillesein und Hoffen würdet ihr stark sein". Der Satz aus Jesaja 30,15 war einer der Wahlsprüche Luthers; er findet sich auch auf zeitgenössischen Grafiken. Über dem rechten Baldachin ist *Luthers Wappen* (vgl. S. 41) mit der lateinischen Umschrift „Er lebt!" zu sehen.

Denkmal für Katharina von Bora

Der *Brunnen* im Hof (Schmuckfassung von 1876) erinnert an die historische Röhrwasseranlage, die in vier Strängen ab 1556 zunächst die Häuser von 20 vornehmen Bürgern und das Schloss mit Wasser aus einem nur fünf Kilometer entfernten Waldstück versorgte. Dies belegt zugleich, dass das Wasser der nahe gelegenen

## LUTHERDEKADE

1508, vor 500 Jahren, kam Luther erstmals nach Wittenberg. 1517 veröffentlichte er die 95 Thesen. Von 2008 bis zum 500. Jahrestag seiner epochalen Tat reicht die zur Vorbereitung des großen Jubiläums ausgerufene Lutherdekade. In ihr geht es nicht nur um innerkirchlichen Diskurs. Die Veranstalter wollen Anregung geben für klärende Gespräche zwischen allen christlichen Religionsgemeinschaften. Das ist ganz im Sinne Luthers. Sein Thesenanschlag war ein Angebot zum klärenden Streitgespräch, die Kirche zu spalten, war nicht seine Absicht. Und es geht der Evangelischen Kirche und ihren vielen Partnern in Wissenschaft und Politik, in der Wirtschaft, in der Kunst und in den Medien darum, die welthistorische Bedeutung der Reformation, ihren Beitrag zur Entwicklung des bürgerlichen Lebens, stärker im Bewusstsein der säkularisierten Gesellschaft zu verankern. In diesem Sinne leitet die EKD das „Kuratorium für das Reformationsjubiläum". Zu ihm gehört ein wissenschaftlicher Beirat, der u. a. dafür sorgen will, dass trotz des Jubiläumstrubels, der unvermeidbaren Vermarktung der Reformation und der unterschiedlichen Intentionen, Hoffnungen und Interessen die wissenschaftliche Seriosität gewahrt bleibt.

Elbe schon damals nicht mehr genießbar war. Familie Luther hat von dieser guten Wasserversorgung – immerhin gaben die einzelnen Brunnen in vier Minuten zehn Liter reines Wasser – nicht mehr profitieren können. Die Wittenberger Anlage ist die einzige noch funktionierende Röhrwasseranlage nördlich der Alpen und ein technisches Denkmal. Besonders schöne Brunnen finden sich u.a. auch im Melanchthonhaus, im Bugenhagenhaus, in den Cranachhöfen und in den Höfen der Häuser Schlossstraße 4 und 10.

An der Südseite des Lutherhauses wurde 2004 eine wichtige Entdeckung gemacht. Tief in der Erde lagen die noch immer beachtlichen Überreste eines Anbaus, der vermutlich um 1515, also zur Zeit des Klosters, errichtet worden ist. Es fand sich ein noch gut erhaltenes Geschoss mit Gewölbe, Tür- und Fenstergewänden. Aussagen Luthers belegen, dass dieser Bau von ihm genutzt worden ist. Vermutlich lag hier sein Arbeitszimmer, das für Luther einen besonderen Stellenwert hatte („das Stüblein, woraus ich das Papstum gestürmt habe"). Bei Grabungen kamen überraschend viele Gegenstände zu Tage, die das Alltagsleben im Kloster und das der Familie Luther belegen, darunter reich verzierte Ofenkacheln. Die schönsten Fundstücke werden im Museum gezeigt. Der Besucher kann den Anbau nicht betreten, aber von verschiedenen Positionen aus sein Inneres betrachten.

Collegienstraße 54

## 16 LUTHERHAUS

S. 14

Organisation der Vereinten Nationen für Bildung, Wissenschaft, Kultur und Kommunikation

Luthergedenkstätten in Eisleben und Wittenberg Welterbestätte seit 1996

★ TOP-TIPP

Als Luther – noch als Augustinermönch Bruder Martin – 1508 nach Wittenberg kam, war das imponierende Gebäude eben als Großes Schlafhaus der Augustiner-Eremiten errichtet worden. Luther zog hier ein und war ab 1522 – nach der Auflösung des Klosters und dem Auszug der Mönche aus Wittenberg – zusammen mit dem Prior Eberhard Brisger sein einziger Bewohner. Rund 38 Jahre hat er in diesen Mauern gelebt – zunächst allein, nach seiner Heirat 1525 mit der stets wachsenden Familie –, ab 1532 war er rechtmäßiger Besitzer, dank der Schenkung durch den Kurfürsten Johann den Beständigen, der sich zur Reformation bekannte. Luther und seine Frau Katharina von Bora, die mit ihrem Familienleben die Tradition des evangelischen Pfarrhauses begründeten, ließen diesen Besitz mehrfach umbauen und nach und nach in einen wohnlicheren Zustand versetzen. Luthers Erben haben das Haus 1565 an die Universität verkauft. Die ließ es zum Collegium Augusteum, zu einem Zweckbau der Universität, umbauen. Der in der Mitte der Front vorstehende Treppenturm, die acht-

Blick in den Großen Hörsaal

## LUTHERS WAPPEN

Das als Lutherrose bekannte Wappen besteht aus einem roten Herz, das ein schwarzes Kreuz trägt. Es liegt auf einer weißen Rose. Luther sagte u. a. „Auch wenn es ein schwarzes Kreuz ist, das den Tod bringt und wehtut, so lässt es doch das Herz in seiner Farbe: Es verdirbt die Natur nicht!" Die Rose weist darauf hin „dass der Glaube Freude, Trost und Friede gibt ... Er versetzt uns direkt in eine weiße, fröhliche Rose ... Darum soll die Rose weiß und nicht rot sein. Denn weiß ist die Farbe des Geistes und der Engel". In den Kämpfen des Dreißigjährigen Krieges setzte sich auch die populäre Interpretation durch, nachdem es sich zwar um eine friedfertige, aber auch um eine wehrhafte Rose handele. Die Rose war seit Jahrhunderten das Zeichen der Landwehr. Wildrosenverhaue umgaben einst alle Gemeinwesen, Städte und Dörfer, die sich keine Mauern leisten konnten oder nicht errichten durften.

eckigen Fenster, der gewölbte Speisesaal (Mensa Communis) im ehemaligen Refektorium entstanden in jenen Jahren. Doch schon damals hinderte die Ehrfurcht vor Luther und seiner Lebensleistung die neuen Eigentümer am Umbau der Familienräume. Auch bei Umbauten des 19. und 20. Jh. wurden die grundlegenden Raumstrukturen des Hauses beibehalten.

*Rundgang*: Das Katharinenportal war über Jahrhunderte der Haupteingang des Lutherhauses; seit der grundlegenden Umgestaltung des Museums (2000–2003) liegt der Eingang etwas verdeckt in einem westlich an das historische Haus angefügten modernen Glas- und Betonbau.

In der Dauerausstellung des größten Museums der Welt zur Reformationsgeschichte werden auf rund 1.800 $m^2$ annähernd 1.000 Exponate gezeigt. Die Bestände sind weit umfangreicher, aber hier bedeutet weniger mehr – die Auswahl ermöglicht Konzentration, nähere Beschäftigung mit dem Wesentlichen. Der biographische Rundgang beginnt unter dem Motto „Martin Luther in Wittenberg" im Erdgeschoss. Ein schlichtes Stadtmodell zeigt die Größe Wittenbergs zu Beginn des 16. Jh. und die Lage der Gebäude, die in den kommenden Jahrzehnten Schauplätze welthistorischer Ereignisse werden sollten. Im Zentrum aber steht zunächst das große *Gemälde „Christus am Kreuz"* (1571 von Lucas Cranach d. J.) als Hinweis auf das Grundanliegen der Reformation: Rückbesinnung auf Christus und die Bibel, weg von den entarteten Formeln, Methoden und Riten der alten Kirche. Die gesellschaftliche Situation der Zeit und die spätmittelalterliche Frömmigkeit werden durch Ablasszettel und -urkunden, Münzen, Siegel, Figuren von Heiligen, durch Grafiken und kleinere Gemälde Lucas Cranachs d. Ä. verdeutlicht. Erster Höhepunkt des biographischen Rundgangs ist *Luthers Predigtkanzel* aus der Stadtkirche, eine solide Handwerksarbeit (2. Hälfte 15. Jh.). Vom ursprünglichen Schmuck haben sich zwei Tafeln des Kanzelkorbes erhalten, sie zeigen die Evangelisten Johannes (r.) und Matthäus beim Studieren der Schriften. Das große *Gemälde „Übertretung der Zehn Gebote"* (auch „Die Zehn-Gebote-Tafel" genannt) hat Lucas Cranach d. Ä. – sozusagen als Vorwegnahme reformatorischer Grundgedanken – bereits 1516 geschaffen. Ursprünglich hing dieses „Gerechtigkeitsbild" im Rathaus, und vor ihm fällten die Richter ihre Urteile. Cranachs Aussagen sind eindeutig: Nicht die Armen verstoßen gegen die von Gott gegebenen Gesetze, nicht die einfachen Bürger. Es sind die Besitzenden, die schwerttragenden und herausgeputzten Angehörigen der oberen Stände. Luther wandte sich nicht von ungefähr in seiner Streitschrift „An den christlichen Adel deutscher Nation von des christlichen Standes Besserung" (1520) nachdrücklich an sie. Seine Schriften und Polemiken werden in zeitgenössischen Drucken (oft in Erstausgaben) im Verlauf des Rundgangs gezeigt. Dazu gehören eine Vielzahl von Illustrationen zur Biografie Luthers und seiner Mitstreiter und Widersacher, es sind zumeist Holzschnitte und Kupferstiche – u. a. von beiden Cranachs (bzw. aus den Cranach-Werkstätten), von Hans Baldung Grien, Hans Holbein d. J., Albrecht Dürer und namenlosen Künstlern der Zeit. Und immer wieder sieht der Besucher Martin Luther ins Gesicht. Die Porträts beginnen mit der ältesten Darstellung auf einer 1519 in Leipzig gedruckten Predigt und reichen bis zum Totenbildnis des Hallensers Lucas Furtnagel von 1546.

Zu den bemerkenswertesten Lebenszeugnissen gehört die schlichte *Mönchskutte Luthers*. Er hat sie mit hoher Wahrscheinlichkeit auch bei seinem Auftritt vor Kaiser und Reich 1521 in Worms getragen. Der im Original erhaltene *Gemeine Kas-*

> „Man muss die Mutter im Hause, die Kinder auf der Gasse, den gemeinen Mann auf dem Markt drum fragen, und denselbigen auf das Maul sehen, wie sie reden und danach dolmetschen, so verstehen sie es dann und merken, dass man deutsch mit ihnen redet."
>
> Martin Luther

Luthers Mönchskutte

*ten*, eine Sozialkasse zur Unterstützung der Wittenberger Stadtarmut, belegt eindrucksvoll das soziale Anliegen der Reformatoren.

Jedes Exponat ist kurz und prägnant erläutert, hinzu kommen moderne elektronische Medien, mit denen der Besucher das jeweilige Thema vertiefen kann.

Der *Lehrkatheder mit den Disputationsschranken* im *Großen Hörsaal* (1. Obergeschoss) ist barock ausgestaltet. In Erinnerung an die ersten Jahre der Leucorea ist am Katheder ein Bild des Theologieprofessors Luther unter einer Kreuzigungsszene angebracht. Der Gründer der Universität, Kurfürst Friedrich der Weise, erscheint auf den Schranken in einer Ebene mit dem ersten Rektor Martin Pollich von Mellerstadt und dem Siegel der Alma Mater. Die unteren Medaillons symbolisieren die vier klassischen Fakultäten der Leucorea – Theologie, Medizin, Jurisprudenz und die Artistisch-Philosophische Fakultät. An der Stirnseite des Saales und an der Rückfront erinnern große Porträts an die vier für die Universität bedeutsamsten Kurfürsten, die kleinen Porträts an den Seitenwänden zeigen Gelehrte der Leucorea. Im Großen Hörsaal werden auch die Umbauarbeiten des Hauses im 19. Jh. unter der Leitung von Friedrich August Stüler (1800–1865) erläutert.

Die *Lutherstube* ist auch heute noch – gewissermaßen – eine Wallfahrtsstätte. Das war sie bereits im 16. Jahrhundert; 1645 wird die Stube „Museum Lutheri" genannt. Der Raum, in dem die berühmten kräftigen, auch derben und frommen Tischgespräche stattfanden, in dem Luther mit seinen Mitarbeitern die Übersetzung des Alten Testamentes beriet, ist also erhalten! Original sind die Vertäfelungen und die umlaufenden Sitzbänke (beide 1535), original ist vermutlich auch der Tisch, zumindest ist er es zum größeren Teil. Noch im 19. Jh. haben Wittenberg-Wallfahrer aus diesem geschichten- und legendenträchtigsten Möbel des Hauses Späne herausgeschnitzt, um – in altgläubiger Manier – Reliquien zu gewinnen.

Die Lutherstube

Im *Kleinen Hörsaal* sind unter dem Motto „Predigt, Propaganda und Polemik" hunderte Schriften und Bücher des Zeitalters der Reformation zu sehen. Angefangen von einer Predigt Luthers, die Johann Rhau-Grunenberg (in Wittenberg von 1508 bis 1525) bereits 1518 druckte, über Streitschriften, Werke der Humanisten bis hin zum „Bestseller" des 16. Jh., Martin Luthers „Betbüchlein". Es ist von 1522 bis zu seinem Tode in 37 Auflagen erschienen. Natürlich fehlen auch die berühmten Wittenberger Bibeldrucke (NT 1522/AT 1523) mit den Holzschnitten Lucas Cranachs d. Ä. nicht und nicht der erste vollständige Druck beider Testamente in einem Band 1534 durch Hans Lufft.

Kostbare Stücke, die in der allgemeinen Ausstellung gelegentlich als Faksimile erscheinen, befinden sich in der *Schatzkammer* im 2. Obergeschoss. Hier können u. a. Originale von Albrecht Dürer und Heinrich Aldegrever bewundert werden. Weitere Schätze sind in der *Bibliothek* bewahrt. In deren für Forschungszwecke zugänglichen Beständen befinden sich u. a. 15.000 Titel des 16. bis 18. Jh., 55 Inkunabeln (Drucke vor 1500), 14.500 Dissertationen des 16.–18. Jh., 14.500 Blatt Grafik und 3.900 reformationsgeschichtlich bedeutsame Münzen und Medaillen. Das macht das Lutherhaus auch zu einer Wallfahrtsstätte der Wissenschaften und der Historiografen.

Populär ist die hinter Schatzkammer und Bibliothek gelegene *Ausstellung „Lutherbild und Lutherbilder – Rezeptions- und Wirkungsgeschichte von 1546–1983"*. Sie enthält Buchillustrationen, Plakate, Entwürfe für Denkmale, Statuetten, Bilder und Plastiken des 16. bis 20. Jh. Es fehlt auch nicht an Devotionalien, an Zeugnissen populärer Luthervererehrung, an absonderlichen und phantasievollen Gemälden, Illustrationen, Tassen, Vasen, kleinen Büsten etc. des 19. und 20. Jh. Beim Bummel durch die Stadt kann man aber unschwer feststellen, dass die Grenzen des Lutherkitschs heute noch tiefer liegen, dass sich die Devotionalienfabrikanten und „Vermarkter" unserer Zeit noch gedankenloser verhalten.

Für einen Rundgang durch alle Teilausstellungen des Museums muss der historisch interessierte Besucher wenigstens drei Stunden einplanen. Der „Biographische Rundgang" präsentiert die wichtigsten Räume und Exponate in ca. 50 Minuten (EG und 1. OG). Mit Kindern ist insbesondere die anschaulich-lehrreiche *Ausstellung „Zu Haus bei Katharina – Alltagsleben der Familie Luther"* im Kellergeschoss zu empfehlen.

Collegienstraße 54
Tel.: (0 34 91) 4 20 30
info@martinluther.de
www.martinluther.de

**April–Okt. tgl. 9–18 Uhr,**
**Nov.–März Di.–So. 10–17 Uhr,**
**Führungen nach Voranmeldung**

## 17 LUTHEREICHE S. 14

Die Eiche steht für Ausdauer und Stärke, für feste Verwurzelung. Kein Wunder dass – um Luther zu ehren – nach seinem Tode im Jahr 1546 ganz in der Nähe seines Wohnhauses eine Eiche gepflanzt wurde. Und Luthereichen findet man seitdem auch in vielen deutschen Städten und Dörfern, in denen der Reformator gepredigt hat. Die Wittenberger Eiche steht genau an der Stelle vor dem längst abgerissenen Elstertor, an der Luther am 10. Dezember 1520 in Anwesenheit seiner begeisterten Studenten und aller „Freunde der evangelischen Wahrheit" die Bulle Exurge Domine, den päpstlichen Erlass mit der Androhung des Kirchenbannes, verbrannt hatte und etliche Bücher des Kirchenrechts dazu. Er dachte nicht an Widerruf! Er nahm kein Wort von dem zurück, was er in seinen Streitschriften gefordert hatte. Und den Ort der symbolträchtigen Handlung hatte er auch nicht zufällig gewählt: Vor dem Elstertor wurden bis dahin die Kleider und Habseeligkeiten der Pesttoten verbrannt. Papst Leo X. (1513–1521 im Amt), der in der Hoffnung, den Abtrünnigen doch noch zur Umkehr bewegen zu können, die eingeräumte 60-Tage-Frist gehörig verlängert hatte,

**STADTFÜHRUNGEN**

Treffpunkt: Wittenberg-Information, Schlossplatz 2
Tel.: (0 34 91) 49 86 18 • citytour@wittenberg-information.de
www.wittenberg-information.de
**Mai–Okt. tgl. 14 Uhr, Dauer ca. 2 h Termine: Sa., So., Feiertage zusätzlich 11 Uhr, Juni–Aug. tgl. 14 Uhr, Mo.–Fr. zusätzlich 9 Uhr. Abendlicher Stadtrundgang: Mai–Sept. 19 Uhr, Dauer ca. 1,5 h**

verhängte nur wenige Tage später den Bann über seinen schärfsten Widersacher. Während der Thesenanschlag an der Schlosskirche noch eine Aufforderung zum Dialog mit der Papstkirche enthielt und Reformen möglich schienen, bedeutete die Verbrennung der Bulle und der Rechtsbücher den vollständigen Bruch Luthers mit der römisch-katholischen Kirche und war eine bis dahin unerhörte Tat. Es war aber auch die selbstbewusste Antwort auf die vorangegangene Verbrennung der Schriften Luthers durch den päpstlichen Legaten Alexander in der flandrischen Stadt Löwen (heute Belgien).

Die heutige Luthereiche wurde 1830 zum 300. Jahrestag der Augsburgischen Konfession gepflanzt; Gedenkstein und Brunnen in der kleinen Grünanlage entstanden 1925.

An der Luthereiche

# WEITERE SEHENSWÜRDIGKEITEN



## 18 AUSSTELLUNG „CHRISTLICHE KUNST IM 20. JAHRHUNDERT“ S. 14

Schwerpunkt der umfangreichen Sammlung – eine Stiftung des Ehepaares Scheufelen aus Baden-Württemberg – ist der deutsche Expressionismus. Dazu zählen Mappen und Einzelblätter von Otto Dix, Max Slevogt, Max Pechstein, Emil Nolde und George Grosz. Die einzigartige Kollektion umfasst auch europäische Kunst (u. a. Pablo Picasso und Keith Haring).

*Altes Rathaus*

Markt 26

Tel.: (0 34 91) 42 17 20

www.christlichekunst-wb.de

**Di.–So. 10–17 Uhr**

## 19 MUSEUM IM SCHLOSS UND MUSEUM FÜR NATUR- UND VÖLKERKUNDE S. 14

Die Exponate des Museums im Residenzschloss der sächsischen Kurfürsten werden in drei Abteilungen präsentiert. Der naturkundliche Bereich zeigt Präparate heimischer und exotischer Tiere, darunter Primaten; in der völkerkundlichen Ausstellung befinden sich Sachzeugen der Geschichte Ägyptens, Afrikas, Japans, Australiens und Ozeaniens. Die Mehrzahl der Exponate gehört zu der Sammlung des Berliner Fabrikanten und Völkerkundlers Julius Riemer (1891–1958), der sie 1948 der Stadt übereignete.

Die stadtgeschichtlichen Schätze des Hauses werden im um 1495 erbauten Südturm des Schlosses in Sonderausstellungen gezeigt.

Schlossplatz 1 d

Tel.: (0 34 91) 4 33 49 40

www.wittenberg.de

**Di.–So. 9–17 Uhr**

## 20 HAUS DER GESCHICHTE „PFLUG“ E. V. S. 14

In der deutschlandweit einmaligen Dauerausstellung sind weit über 1.000 Gegenstände aus dem Alltagsleben in der SBZ/DDR, darunter ganze original eingerichtete Wohnzimmer der 40er bis 80er Jahre zu besichtigen. Themen wie Kindergarten, Gaststätte und Konsum sowie DDR-Design beschließen den Ausflug.

Schlossstraße 6

Tel.: (0 34 91) 40 90 04

www.pflug-ev.de

**Mo.–Fr. 10–18 Uhr, Sa., So., Feiertage 11–18 Uhr**

## 21 HUNDERTWASSER-SCHULE

S.14

Nichts am Gebäudeensemble des heutigen Luther-Melanchthon-Gymnasiums erinnert daran, dass es in seiner Grundsubstanz ein typischer Plattenbau aus den späten 70er Jahren ist. Der berühmte österreichische Maler, Architekt und Ökologe Friedensreich Hundertwasser (1928–2000) realisierte hier ein weiteres Mal sein Credo: Schaffung einer menschen- und umweltgerechten Architektur in poetisch-märchenhafter Anlehnung an die Ornamentik des Jugendstils. Die Gestaltung der Innenräume der Schule wurde von Künstlerinnen aus Sachsen-Anhalt in Zusammenarbeit mit Schülern des Gymnasiums übernommen.

Straße der Völkerfreundschaft 130

Führungen in der Schule über Förderverein „Hundertwasser e. V."

Tel.: (0 34 91) 88 11 31

www.hundertwasserschule.de

**Di., Do., Fr. 14.30–16 Uhr, Sa., So. 10–16 Uhr, Nov.–März 13.30–16 Uhr**

## 22 ALARIS SCHMETTERLINGSPARK

S.14

Auf einer Fläche von mehr als 1.000 $m^2$ präsentiert einer der schönsten und größten Schmetterlingsparks in Deutschland in einer einzigartigen Tropenlandschaft frei fliegende Falter aus aller Welt. Zu sehen sind etwa 140 verschiedene Arten.

Rothemarkstraße 131

Tel.: (0 34 91) 66 63 80

www.schmetterlingspark-wittenberg.de

**27. März–1. Okt. tgl. 9.30–17.30 Uhr, 2.–31. Okt tgl. 9.30–16.30 Uhr**

### PAUL GERHARDT – GRÖSSTER DICHTER DER REFORMATION

Paul Gerhardt (1607–1676) wurde in Gräfenhainichen geboren, ab 1622 Besuch der Fürstenschule zu Grimma, 1628–1634 Studium der Theologie, auch Hauslehrer in Wittenberg. Eine oft behauptete Tätigkeit als Feldprediger bei den protestantischen Heeren im Dreißigjährigen Krieg ist nicht belegt. Ab 1634 Pfarrer in Berlin, hier erkannte der Kantor der Nikolaikirche Johann Crüger (1598–1662) die „natürliche" Musikalität Gerhardts. Als Dichter wurde Gerhardt anerkannt, als Prediger aber geriet er aufgrund seines fundamentalen Luthertums in Konflikte mit dem Kurfürsten von Brandenburg; Gerhardt musste die Residenzstadt verlassen und lebte bis zu seinem Tod als Pfarrer in Mittenwalde und Lübben/Spreewald. Im Berliner Gesangbuch erschienen 1647 erstmals 18 geistliche Lieder von Paul Gerhardt. Die 5. Auflage enthielt bereits 64, die 10. Aufl. 90 Titel. 1667 kam die erste Gesamtausgabe mit 120 Liedern heraus, 139 sind von ihm bekannt. In heutigen evangelischen Kirchengesangbüchern, aber auch in katholischen und freikirchlichen finden sich noch immer zwischen 12 und 30 Texte aus seiner Feder.

### ▶ ABSTECHER GRÄFENHAINICHEN UND PAUL GERHARDT

Luthers Stadt und Gräfenhainichen sind miteinander verbunden. Nicht auf der Grundlage moderner Verwaltungsstrukturen, sondern im Geist. Hier wurde am 12. März 1607 Paul Gerhardt geboren. Er ist nicht nur der neben Luther hervorragendste evangelische Kirchenlieddichter, er ist wohl der wichtigste deutsche Poet des 17. Jh.

Paul Gerhardt wird in Gräfenhainichen vielfach geehrt. Ein Gymnasium und eine Straße tragen seinen Namen. Dort, wo sein Elternhaus stand, erinnert eine Gedenktafel an ihn. Eine schöne klassizistische *Kapelle* (Baujahr 1830–1844) trägt seit dieser Zeit seinen Namen. Sie wurde 1990 grundlegend saniert und beherbergt seitdem eine umfangreiche Dauerausstellung zu seinem Leben und Werk und seiner fortwährenden Wirkung. Hier gibt es eine Paul-Gerhardt-Bibliothek, und hier finden auch musikalische, literarische und wissenschaftliche Veranstaltungen statt. Das *Denkmal Paul Gerhardts* am Evangelischen Gemeindehaus wurde 1911 von dem Berliner Bildhauer Johann Friedrich Pfannschmidt geschaffen.

*Paul-Gerhardt-Kapelle*
Rudolf-Breitscheid-Straße 1
06773 Gräfenhainichen
Tel.: (03 49 53) 3 57 57
kultur@graefenhainichen.de
www.graefenhainichen.de
Anreise: vom Brückenkopf Wittenberg auf der B 100 Richtung Bitterfeld (25 km)
**Di.–So., Feiertage 13–17 Uhr, Führungen auf Anfrage**

In der Paul-Gerhardt-Kapelle

# KLEINE STADTGESCHICHTE WITTENBERG

Als Siedlungsraum waren das Gebiet der heutigen Stadt Wittenberg und ihre nähere Umgebung schon Jahrtausende vor Christus bekannt. Von Menschenhand behauene Steine, Geräte zur Feldarbeit, früheste Töpferarbeiten und geschmiedete Waffen wurden hier ausgegraben. Erste schriftliche Zeugnisse über Wittenberg stammen von 1183. Damals wurden Burgwarde an strategisch günstigen Stellen an der Elbe errichtet, um die Grenze Richtung Osten zu sichern. In einer solchen Befestigung saß Graf Friedrich von Wittburc. Mann und Burg trugen ihre Namen nach der Landschaft an der Elbe: grüne Wiesen und Waldungen und davor helle (witte) Sandhügel.

Lange Zeit beherrschten die Askanier von ihrer Stammburg Anhalt aus das Land. Herzog Albrecht I. (reg. 1212–1260) signierte bereits Urkunden in Wittenberg, Klöster wurden hinter den wachsenden Mauern errichtet, Kirchen gebaut und Hospitäler gegründet. 1293 verlieh Albrecht II. (reg. 1260–1298) Herzog von Sachsen-Wittenberg, Albioris, der weißen Stadt, das Stadtrecht. Wittenberg wuchs und wuchs, erwarb vom Landesherrn das Zoll- und Geleitsrecht und schloss sich Städtebündnissen an, um seine Interessen mit vereinten Kräften durchzusetzen. Mit dem Tod des kinderlosen Kurfürsten Albrecht III. (reg. 1419–1422) erlosch die Linien der Askanier von Sachsen-Wittenberg, das Reichslehen fiel an den Kaiser zurück. Der ernannte 1423 den Markgrafen von Meißen, Friedrich den Älteren, genannt der Streitbare (reg. 1423–1428) zum Landesherrn. Damit begann die fast 500-jährige Herrschaft der Wettiner, zunächst die der ernestinischen, ab 1547 die der albertinischen Linie.

Die Stadt, zu dieser Zeit noch eine Kommune hart „an der Grenze der Zivilisation", stieg, obwohl die alte Burg der Askanier nicht mehr von den Landesherren und ihrem Tross bewohnt wurde, dank des Fleißes ihrer Bürger auf. Sie wurde reich durch Handel und war schon bald so stark geworden, dass sie dem Kurfürsten die wichtigste Gerechtsame – die oberste Gerichtsbarkeit – abkaufen konnte.

Der 1486 an die Macht gekommene Kurfürst Friedrich III., genannt der Weise (1463/reg. 1486–1525) erwarb sich einige Verdienste um die Stadt, die er den Residenzen in

Wittenberg in der Frühen Neuzeit – zeitgenössische Darstellung

Dresden, Meißen und Torgau vorzog. Unter ihm wurde auf dem Gelände der verlassenen Askanierburg das Schloss mit der Schlosskirche errichtet, und große Künstler wurden mit der Ausgestaltung beauftragt. Albrecht Dürer kam, auch Tilmann Riemenschneider. Und Lucas Cranach d. Ä. (1472–1553). Er blieb für lange Jahre hier und reifte in Wittenberg zum bedeutendsten Künstler, zu einem verlässlichen Weggefährten der Reformation.

Die Stadt, in ihren rund 400 Häusern lebten kaum 2.500 Menschen, war nun die mächtigste Festung an der Mittelelbe, geschützt von starken Mauern, 34 Bollwerken und 14 Türmen. Friedrich der Weise gründete 1502 die Wittenberger Universität, die Leucorea – sie war die erste landesherrliche Alma Mater in Deutschland. Er sorgte dafür, dass hervorragende Gelehrte hierher kamen. Druckereien siedelten sich an und Buchhändler. Das aber hat schon seine Ursache im Wirken Martin Luthers (1483–1546), der 1508 zum ersten Male, endgültig 1511 nach Wittenberg kam und bis zu seinem Tode – von kurzen, aber zahlreichen Reisen abgesehen – in Wittenberg blieb. Luther und Philipp Melanchthon (1497–1560) waren die Magneten für Studenten aus allen Teilen des Reiches und aus anderen europäischen Ländern. Die Alma Mater Leucorea (von gr. leukos = weiß, oros = Berg) stand zu dieser Zeit an der Spitze der deutschen Hochschulen. Sie und ihre Lehrer standen unter der schützenden Hand der sächsischen Kurfürsten. Diese führten die protestantischen Fürsten an, bis zur bitteren Niederlage im Schmalkaldischen Krieg (1547–1548). 1547 ritt der katholische Kaiser Karl V. (1500–1558) nach der Schlacht bei Mühlberg als Sieger durch Wittenberg und stand an Luthers Grab. Er wagte es jedoch nicht, den Befehl zur Schleifung der letzten Ruhestätte seines großen Widersachers zu geben. Neuer Kurfürst wurde Moritz von Sachsen (1521–1553). Der war zwar ebenfalls Protestant, betrieb aber eine von konfessionellen Bindungen kaum beeinflusste Politik wechselnder Bündnisse. Das sicherte ihm seine führende Stellung im Reich, den Bestand seiner Dynastie und erhebliche Territorialgewinne. Zwar bestätigte Kurfürst Moritz der Stadt ihre alten Rechte, doch Wittenberg war nun nicht mehr kursächsische Hauptstadt.

Vielleicht wäre die Stadt in die Bedeutungslosigkeit gesunken. Dem beugte die Universität vor, die weiter ausgebaut wurde, bis sie 1817 – nachdem Wittenberg an Preußen gefallen war – mit der hallischen Friedrichs-Universität vereint wurde. Die Vereinigte Friedrichs-Universität trägt seit 1933 Luthers Namen, und die Martin-Luther-Universität Halle-Wittenberg unterhält heute in der Stadt wieder Institute, die Leucorea ist eine Stiftung des öffentlichen Rechts und sitzt am angestammten Platz an der Collegienstraße. Mit der Alma Mater waren bedeutende Verleger und Drucker verbunden, die über Jahrhunderte den Buchmarkt in weiten Teilen Norddeutschlands beherrschten. Der Wittenberger Meister Hans Lufft (1495–1584) druckte 1534 die erste vollständige Lutherbibel mit Illustrationen von Lucas Cranach d. Ä., in einem Band. Selbstverständlich zählten die Wittenberger Akademiker und Studenten zu den Druckerei- und Verlagskunden, darunter der spätere Klassiker Gotthold Ephraim Lessing. In Wittenberg studierte und promovierte 1734 der erste Schwarzafrikaner in Europa: Anton Wilhelm Amo (1693–um 1750).

Die Geschichte Wittenbergs deckt sich vom 19. bis in die Mitte des 20. Jahrhunderts mit der allgemeinen deutschen Geschichte. Die Einwohnerzahl vervielfachte sich, es kamen Straßenbeleuchtung, Eisenbahn, Brückenbau, Schleifung der Stadtmauern. Umliegende Dörfer wurden eingemeindet – begehrtes Bauland für Fabriken. Die bedeutendste entstand im nahen Piesteritz. Klassenkämpfe, Streiks und Widerstand begleiteten die industrielle Entwicklung. Und zwischen all dem immer wieder Luther-Feiern, Lu-

ther-Ehrungen und die Inanspruchnahme des Reformators für politische Zwecke. Das war auch 1983 nicht anders, als die DDR Martin Luther in ihrer Ahnengalerie verankern wollte. Die Stadtkirche St. Marien erhielt eine neue Orgel, die Schlosskirche einige Fenster, zahlreiche Publikationen erschienen. Damit änderte sich jedoch nichts an dem grundsätzlichen Verhältnis des Staates zu seinen Bürgern und zu den Christen im Besonderen. Zu denen, die subtilen Widerstand leisteten, gehörten die Frauen und Männer des evangelischen Predigerseminars. Es wirkte damals wie heute unter dem Bibelwort: „Lernt Gutes, trachtet nach Recht, helft den Unterdrückten" (Jesaja 1,17). Nicht anders die Evangelische Akademie, die seit 1997 wieder in Luthers Stadt zu Hause ist. Sie arbeitet unter einem Wort Melanchthons, nach dem „Bildung, Besonnenheit und Klugheit bessere Schutzwehre sind als alle Mauern".
Beide Institutionen sind Orte, an denen man denken und sagen kann, was andernorts nicht bedacht und gesagt wird.

Schon 1983 war von engagierten Christen im Lutherhof ein Schwert zu einer Pflugschar umgeschmiedet worden. Dieser symbolische Akt war der weltweit beachtete Auftakt zu einer politischen Bewegung, die auf die ganze DDR übergriff. Sechs Jahre später, am 1. September 1989,

Das Lutherdenkmal auf dem Marktplatz wurde 1821 enthüllt

in der DDR als Weltfriedenstag begangen, versammelten sich (auf einem Friedhof!) erstmals Christen und Nichtchristen unter der Leitung des Pfarrers Friedrich Schorlemmer, um über die unaufschiebbare Notwendigkeit politischer Reformen in der DDR zu diskutieren. Schnell kam es auch in Wittenberg zu dem, was überall im Lande stattfand: Demokratischer Aufbruch bis zum Zusammenbruch der alten Ordnung. Friedrich Schorlemmer wurde am 10. Oktober 1993 in der Frankfurter Paulskirche eine der höchsten deutschen Auszeichnungen überreicht, der Friedenspreis des Deutschen Buchhandels.

# BEKANNTE WITTENBERGER

## MARTIN LUTHER

* 1483 Eisleben, † 1546 Eisleben
Theologe, Reformator

Luther, Sohn eines Bergmannes im Mansfeldischen, begann 1501 ein Universalstudium an der Universität Erfurt. 1505 Eintritt in das Augustinerkloster Erfurt, 1507 Priesterweihe. 1508 erstmals, ab 1511 endgültig in Wittenberg, u.a. als Prediger und als Lehrer an der Universität. 1512 Doktor der Theologie; Beginn der kritischen Auseinandersetzung mit der Lehre und Praxis der römisch-katholischen Kirche, insbesondere mit dem Ablasshandel. Für Luther kam die Vergebung der Sünden allein aus der Gnade Gottes, sie ist nicht durch Zahlung an die Kirche oder sonstiges weltliches „Verdienst" zu erlangen; die einzige Glaubensquelle ist die Bibel. Anschlag von 95 Thesen zu diesem damals ganz Europa bewegenden Thema an die Schlosskirche (31.10.1517). Im Streit mit Rom kam es zur Bannandrohungsbulle des Papstes (15.6.1520), in der 41 Sätze aus Luthers Schriften als ketzerisch erklärt wurden und von ihm gefordert wurde, diese zu widerrufen. Öffentliche Verbrennung der Bannandrohungsbulle und kirchenrechtlicher Schriften vor dem Elstertor in Wittenberg (20.12.1520). Päpstlicher Bann, Exkommunikation (3.1.1521). Vorladung vor Kaiser und Reich zum Reichstag nach Worms. Luther widerruft nicht. Von seinem Beschützer Kurfürst Friedrich dem Weisen als „Junker Jörg (Georg)" auf der Wartburg in Sicherheit gebracht (4.5.1521). Beginn der Arbeit an der deutschen Bibelübersetzung und damit an der Erneuerung und Vereinheitlichung der deutschen Sprache. Ab März 1522 wieder in Wittenberg u.a. als Prediger gegen den Bildersturm und jegliche Gewaltanwendung bei der Durchsetzung der Reformation sowie gegen die politische Interpretation der neuen Glaubenslehre.

Bis zu seinem Tod, von gelegentlichen Reisen abgesehen, lebte Luther in Wittenberg. Von hier aus nahm er in Streitschriften, zahlreichen Publikationen – u.a. der „Kleine Katechismus" und der „Große Katechismus" –, Liedtexten, Predigten und Gesprächen im Freundeskreis Einfluss auf die Organisation der neuen Kirche, deren Grundordnung er aber dem Staat zugestand (Zweireichelehre), die Erziehung der Jugend und die Volksbildung. Sein Grab befindet sich in der Schlosskirche.

### PHILIPP MELANCHTHON (EIGENTLICH SCHWARTZERD)

* 1497 Bretten/Pfalz, † 1560 Wittenberg
Theologe, Hochschullehrer, Reformator

Als Professor an der Leucorea (ab 1518, mit 21 Jahren) gab Melanchthon Luthers Lehre die systematische Gestalt und stand an der Spitze einer grundlegenden Reform des deutschen Schul- und Hochschulwesens im Sinne des evangelischen Bildungsideals. Er gilt als der „Lehrer Deutschlands" (Praeceptor

Germaniae). Hauptwerke: „Confessio Augustana" („Augsburgisches Bekenntnis", 1530), „Theologische Hauptbegriffe" (1521). Grab in der Schlosskirche gegenüber dem von Luther.

### JOHANNES BUGENHAGEN (AUCH DR. POMERANUS/ POMMER GENANNT)

* 1485 Wollin/Pommern,
† 1558 Wittenberg
Theologe und Reformator

Mit Melanchthon gehörte Bugenhagen zu den wichtigsten Weggefährten Luthers. Ab 1521 in Wittenberg, Lehrer an der Universität, Prediger an der Stadtkirche, Generalsuperintendent der neuen Kirche und Förderer der Reformation, vor allem bei langjährigen Aufenthalten in Braunschweig, Hamburg und in den nordischen Ländern Europas. Er übertrug die Lutherbibel ins Plattdeutsche, vertrat den in Acht und Bann geschlagenen Luther 1530 meisterhaft auf dem Reichstag in Worms und hielt ihm 1546 die Leichenpredigt. Epitaph in der Stadtkirche.

## KATHARINA VON BORA

* 1499 Lippendorf bei Meißen,
† 1552 Torgau
Frau Martin Luthers und erste Pfarrfrau in Deutschland

Als junges Mädchen in das Kloster Nimbschen bei Grimma verbracht. Dort heimliche Studien der Schriften Martin Luthers. Am 4. April 1523 zusammen mit elf Nonnen Flucht nach Wittenberg. Heirat mit Martin Luther (13.06.1525), Hausfrau und Mutter von sechs Kindern, von denen vier das Erwachsenenalter erreichten. Gerühmt wegen ihrer praktischen Vernunft, ihres mäßigenden Einflusses und großer Tüchtigkeit.

## LUCAS CRANACH D. Ä.

* 1472 Kronach/Oberfranken,
† 1553 Weimar
Maler, Grafiker

Seit 1505 stand Cranach in Wittenberg im Dienst der Kürfürsten von Sachsen. Er war ein bedeutender Maler mit großer Werkstatt und bürgerlicher Unternehmer (Apotheke, Buchhandlung, Papierhandlung). Freund Luthers und Förderer und Unterstützer der Reformation durch Gemälde (darunter Reformatorenporträts und Altarbilder), Holzschnitte für Flugblätter und Bücher, Illustrator der Lutherbibel.

Mehrfach Bürgermeister von Wittenberg. Folgte 1550 dem gefangenen Kurfürsten Johann Friedrich nach Augsburg.

**LUCAS CRANACH D.J.**

* 1515 Wittenberg, † 1586 Weimar

Maler

Der Sohn von Lucas Cranach d.Ä. betätigte sich in dessen Werkstatt, die er nach dem Tod des Vaters fortführte, ebenfalls als Maler. 1565 war er Bürgermeister von Wittenberg. Epitaph in der Stadtkirche.

**FRIEDRICH III. DER WEISE**

* 1463 Torgau, † 1525 Wittenberg

Kurfürst von Sachsen, ernestinische Linie

Friedrich galt auch in seiner Regierungszeit (ab 1486) als fromm, bescheiden und gebildet. Er wählte Wittenberg zu seiner Residenz und gründete hier 1502 die erste deutsche landesherrliche Universität. Obwohl altgläubig und eifriger Reliquiensammler wurde er dennoch

Förderer und Beschützer Martin Luthers und der reformatorischen Bewegung. Zum Protestantismus bekannte er sich erst auf dem Totenbett. Grab in der Schlosskirche.

**JOHANN DER BESTÄNDIGE**

* 1468 Meißen, † 1532 Schweinitz bei Wittenberg

Kurfürst von Sachsen, ernestinische Linie

Johann, Herzog von Sachsen, war als Nachfolger seines Bruders Friedrich III. seit 1525 Kurfürst und Förderer der Reformation. Gründer des Torgauer Bundes (1526) mit dem Zweck, der einsetzenden Gegenreformation zu begegnen. Initiator des Schmalkaldischen Bundes, der als Gegengewicht zu den katholischen Mächten des Reiches 1531 geschaffen wurde. Grab in der Schlosskirche.

# ÜBERNACHTUNG

## BEST WESTERN STADTPALAIS WITTENBERG****

€€€€€ Komfort-Hotel direkt an der „Reformationsmeile" (Fußgängerzone). 78 familienfreundliche, geschmackvolle Zimmer mit Blick auf das Lutherhaus. Restaurant „Wittenberger Hof", rustikale Taverne, Bar und Kaminlobby. Wellnessbereich mit Sauna. Tiefgarage.
Collegienstraße 56–57
06886 Wittenberg
Tel.: (0 34 91) 42 50
info@stadtpalais.bestwestern.de
www.stadtpalais.bestwestern.de

## LUTHER-HOTEL-WITTENBERG***

€€€€–€€€€€ Superior-Hotel im historischen Zentrum der Lutherstadt mit 165 modern eingerichteten Zimmern (zwei davon behindertengerecht). Hauseigene Sauna zum Entspannen. Eigenes Restaurant mit anspruchsvoller und abwechslungsreicher Küche.
Neustraße 7–10, 06886 Wittenberg
Tel.: (0 34 91) 45 80
info@luther-hotel-wittenberg.de
www.luther-hotel-wittenberg.de

## STADTHOTEL WITTENBERG „SCHWARZER BAER"****

€€€–€€€€ Ruhig gelegenes Hotel direkt in der Innenstadt. Moderne Doppelzimmer. Traditionsträchtig ist das hoteleigene Restaurant. Es zählt zu den ältesten Wittenbergs und wird 1520 erstmals erwähnt.
Schlossstraße 2, 06886 Wittenberg
Tel.: (0 34 91) 4 20 43 44
koppe@stadthotel-wittenberg.de
www.stadthotel-wittenberg.de

## ACRON-HOTEL***

€€€ Familienfreundliches Hotel mit 62 modern eingerichteten Zimmern, teilweise behindertengerecht. Restaurant, Biergarten, Fahrradverleih – Haustiere erlaubt. Ausreichend Parkplätze für Busse und PKW vorhanden.
Am Hauptbahnhof 3, 06886 Wittenberg
Tel.: (0 34 91) 43 32 0
info@wittenberg-acron.de
www.wittenberg-acron.de

## BRÜCKENKOPF-HOTEL UND MARINA-CAMP ELBE

€€€ Nichtraucher-Hotel, direkt an der Elbe im Gelände einer alten Wehranlage, familien- und radfahrerfreundlich (4 Radlerhütten), behindertengerechte Räume, Restaurant, Sportanlagen, Fahrradverleih, Wellnessbereich mit Sauna. Im Gelände Campingplatz mit 100 Komfortstellplätzen für Wohnwagen und Zelte; ganzjährig geöffnet, Fahrrad- und Bootsverleih, Gastliegeplätze.
Brückenkopf 1, 06886 Wittenberg
Tel.: (0 34 91) 45 40
info@marina-camp-elbe.de
www.marina-camp-elbe.de

Preisniveau: Doppelzimmer €€€€€ ab 100 € / €€€€ ab 80 € / €€€ ab 60 € / €€ ab 40 € / € unter 40 €

## HOTEL-RESTAURANT „ALTE CANZLEY“****

€€€–€€€€€ „Aufwachen gegenüber der Thesentür“ ist das Motto für das Hotel-Restaurant „Alte Canzley“. In dem Gebäude aus dem 14. Jh. vis-à-vis der Schlosskirche gingen schon Justus Jonas d. Ä., Martin Luther und viele andere Persönlichkeiten ein und aus. Die „Alte Canzley“ bietet ihren Gästen acht komfortable und modern eingerichtete Nichtraucher-Appartements, fast alle mit Blick auf die Thesentür der Schlosskirche. Einige Zimmer sind speziell für Allergiker eingerichtet, ein Appartement des rollstuhlgerechten Hauses ist dem Bedarf von behinderten Menschen angepasst.

Im hoteleigenen Restaurant kann man im historischen Kreuzgewölbe das abwechslungsreiche Angebot der bio-zertifizierten Küche genießen, die durchgehend warme, regionale und saisonale Gerichte bietet.

Des Weiteren steht den Gästen ein kostenfreier Parkplatz zur Verfügung.

Alte Canzley
HOTEL • RESTAURANT
AM PLATZ DES WELTKULTURERBES

Schlossplatz 3
06886 Wittenberg
Tel.: (0 34 91) 42 91 10
info@alte-canzley.de
www.alte-canzley.com

## HOTEL & RESTAURANT GRÜNE TANNE***

€€–€€€ Sehr ruhig gelegenes Hotel am Stadtrand, mitten im Grünen. 40 modern ausgestattete Zimmer. Restaurant, Gartenterrasse, Club- und Gesellschaftsräume, Extraräume für kirchliche Reisegruppen.

Am Teich 1, 06889 Wittenberg
Tel.: (0 34 91) 62 90
info@gruenetanne.de
www.gruenetanne.de

## PENSION – RESTAURANT – BAR „ALABAMA"

€€ Moderne Einzel- und Doppelzimmer 10 Gehminuten vom historischen Stadtzentrum, dazu Restaurant und Biergarten.

Berliner Straße 57 b, 06886 Wittenberg
Tel.: (0 34 91) 4 33 10
www.alabama-wittenberg.de

## JUGENDHERBERGE LUTHERSTADT WITTENBERG

€ Das direkt neben dem Wittenberger Schloss gelegene Haus verfügt über 153 Betten und 3 Tagungsräume.

Schlossstraße 14/15
06886 Wittenberg
Tel.: (0 34 91) 50 52 05
JH-Wittenberg@djh-sachsen-anhalt.de
www.jugendherberge.de/jh/wittenberg

Weitere Hotels, Gasthöfe, Pensionen, Ferienwohnungen
Tel.: (0 34 91) 49 86 18 • 49 86 14
www.wittenberg-information.de

Die Wittenberg Information an der Schlosskirche hilft bei der Zimmersuche

Preisniveau: Doppelzimmer €€€€€ ab 100 € / €€€€ ab 80 € / €€€ ab 60 € / €€ ab 40 € / € unter 40 €

# GASTRONOMIE

## BRAUHAUS WITTENBERG

€–€€ Rustikale Gaststätte mit hausgebrautem Bier im historischen Beyerhof.
Markt 6, 06886 Wittenberg
Tel.: (0 34 91) 43 31 30
www.brauhaus-wittenberg.de

## KARTOFFELHAUS „ZUM SCHWARZEN BAER“

€–€€ Urgemütliches Restaurant mit Speisen rund um den „Erdapfel“.
Schlossstraße 2, 06886 Wittenberg
Tel.: (0 34 91) 41 12 00

## MARC DE CAFÉ

Romantisches Café in einem hübschen Altstadthinterhof.
Pfaffengasse 5, 06886 Wittenberg
Tel.: (0 34 91) 45 91 14
www.marcdecafe.de

## RESTAURANT „GOLDENER ADLER“

€€–€€€ Schon Luther und Goethe sollen hier gespeist haben. Das Restaurant mit historischem Ambiente ist bekannt für seine guten Speisen und erlesenen Weine.
Markt 7, 06886 Wittenberg
Tel.: (0 34 91) 50 56 60
www.goldeneradler-wittenberg.de

## RESTAURANT SCHLOSSKELLER

€€ Direkt im Schlosskeller liegt das gemütliche Restaurant, das vorwiegend auf regionale Spezialitäten setzt. So kann man etwa Wittenberger Kümmelfleisch genießen – und dazu ein Lutherbier im Steinkrug.
Schlossplatz 1, 06886 Wittenberg
Tel.: (0 34 91) 40 65 92

In der Schlossstraße und am Markt finden sich viele Cafés und Restaurants

Hauptgericht ohne Getränke €€€ ab 15 € / €€ ab 10 € / € unter 10 €

# SOUVENIRS UND MITBRINGSEL

## VERBO SOLO

Buch- und Kunsthandlung mit vielfältigem Angebot an Geschenkideen, Büchern, Papieren und individuellen Verpackungen.
Collegienstraße 31
06886 Wittenberg
Tel.: (0 34 91) 50 56 06

## REGINA 53

Hier werden Freunde von skandinavischem Stil und Design fündig. Das Ladengeschäft bietet Schönes und Nützliches von Mode, über Wohnartikel bis zum Kinderspielzeug aus dem hohen Norden.
Coswiger Straße 10
06886 Wittenberg
Tel.: (0 34 91) 40 94 68
regina53@wittenberg.de
www.regina53-wittenberg.de

## KENSY

Im Schatten der Stadtkirche gelegen, findet man neben zahlreichen Düften und schönen Flakons auch exklusive Seifen aus Frankreich, Schottland und der Region, welche in Handarbeit hergestellt wurden.
Kirchplatz 11, 06886 Wittenberg

## KUNSTHOF MARKT

In der inspirierenden Atmosphäre des frisch sanierten Cranachhofes arbeiten Künstler- und Kunsthandwerker an eigenen Kreationen aus den Bereichen Schmuck, Keramik, Bildhauerei, Papierkunst, Malerei, Grafik und Filz.
Markt 4
06886 Wittenberg
www.cranach-stiftung.de/hoefe/markt4-heute.html

## ANTIQUITÄTEN IM HOTEL GOLDENER ADLER

Im Erdgeschoss des Hotels befindet sich ein Antiquitätengeschäft. Im Angebot sind französische Uhren und Möbel des 19. Jahrhunderts, Gründerzeit- und Jugendstilmöbel sowie ausgesuchte Stücke aus dem Barock und dem Biedermeier.
Marktplatz 7
06886 Wittenberg
Tel.: (0 34 91) 40 41 37
antik@goldeneradler-wittenberg.de
www.goldeneradler-wittenberg.de

## TÖPFEREI SCHERING

Zeitlose Keramik, vorrangig für den Alltag in Handarbeit hergestellt: Krüge, Schalen, Becher, Tassen, Teller … Alles direkt bei der Töpferin Juliane Schering.
Am Teich 6
06886 Wittenberg/OT Braunsdorf
Tel.: (0 34 91) 66 25 69
www.toepferei-schering.de

# DESSAU-ROSSLAU – BAUHAUS, ELBE, GARTENREICH

Unter den avantgardistischen Bewegungen des 20. Jh. hat allein das Bauhaus anhaltenden Weltruhm gewonnen. Dessau ist am anschaulichsten mit der von ihm entwickelten Idee verbunden: Schaffung einer sachlichen, funktionsbewussten Architektur und eines modernen Industriedesigns, also die zielgerichtete ästhetische Gestaltung der vom Menschen geschaffenen Umwelt.

▲ Das Bauhaushauptgebäude

Das Bauhaus war seit seiner Gründung 1919 durch Walter Gropius in Weimar ansässig, wurde dort aber zunehmend angefeindet. 1925 gelang es Dessau, die bereits bekannte Schule an die Stadt zu binden. Durch kluge Kommunalpolitik, großzügige materielle Arbeitsbedingungen und Nichteinmischung in das Programm des Bauhauses entstand hier, bis zu ihrer Vertreibung durch die Nationalsozialisten 1932, die bedeutendste Architektur-, Kunst- und Design-Schule in Europa.

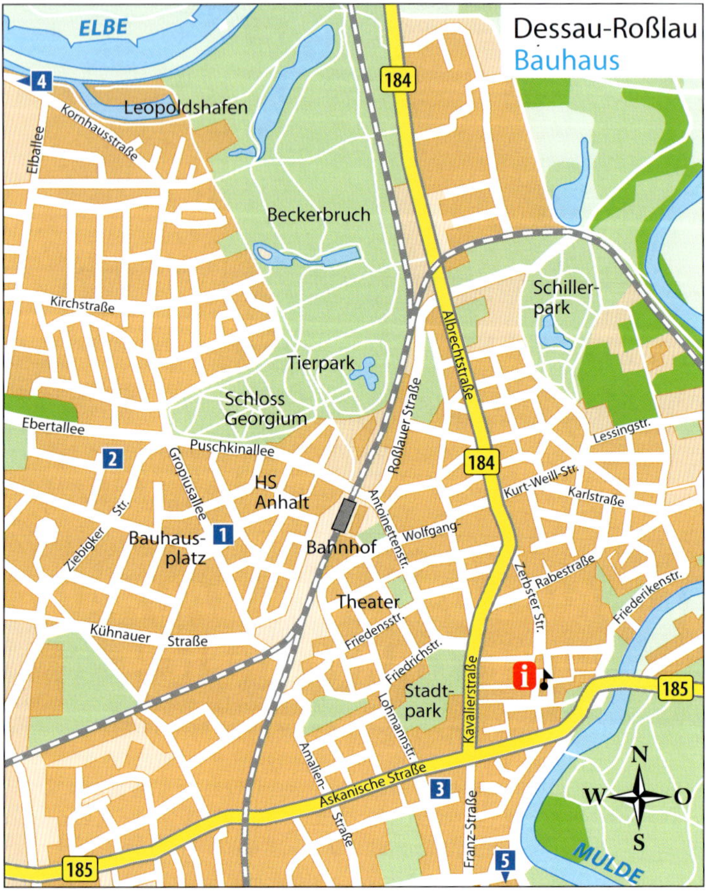


1 Bauhaus-Hauptgebäude **S. 65**
2 Meisterhäuser **S. 68**
3 Ehemaliges Arbeitsamt **S. 73**
4 Kornhaus **S. 74**
5 Siedlung Törten **S. 75**
- Konsumgebäude **S. 78**
- Laubenganghäuser **S. 79**
- Wohnhaus Flieger **S. 80**
- Stahlhaus **S. 81**

# DAS BAUHAUS – IKONE DER KLASSISCHEN MODERNE

## 1 BAUHAUS-HAUPTGEBÄUDE S. 64

Organisation der Vereinten Nationen für Bildung, Wissenschaft, Kultur und Kommunikation

**Das Bauhaus und seine Stätten in Weimar und Dessau**
Welterbestätte seit 1996

Das 1925–1926 nach Plänen von Walter Gropius (in kollektiver Zusammenarbeit mit Carl Fieger, Ernst Neufert und anderen) gebaute mehrgliederige *Hauptgebäude* besteht aus drei miteinander verbundenen Baukörpern und hat als Grundlage ein Stahlbetonskelett. Der zentrale Bau trägt vor diesem Skelett die berühmte 1.400 m² große Stahl-Glas-Vorhangfassade. Dadurch sind große Teile seiner konstruktiven Elemente sichtbar. Die Fassade verleiht dem lichtdurchfluteten Gebäude einen einsehbaren Charakter. Das war auch symbolisch gedacht: Kunstproduktion als kollektive, für jedermann nützliche, einsehbare und begreifbare Tätigkeit. Das Haus musste ein „Laboratorium für die Industrie" (Gropius) sein, denn das, was hier entwickelt wurde und modellhaft entstand, sollte in die Massenproduktion

Eingangsbereich des Bauhaus-Hauptgebäudes

übergeführt werden. Dazu ist es nicht gekommen, aber manches wurde doch in beachtlichen Stückzahlen in den eigenen Werkstätten oder gemeinsam mit Partnern in der Industrie und im Handwerk produziert. Noch heute sind z. B. die Türklinken von Gropius und der Stahlrohrstuhl von Marcel Breuer (1902–1981) berühmt. Im Werkstatt-Trakt waren u. a. Tischlerei, Druckerei, Färberei, Weberei, Bildhauerei und Wandmalerei-Werkstatt untergebracht, ebenso die Bühnenwerkstatt und Ausstellungsräume. Eine große Rolle spielte das Vestibül im Hochparterre, das zusammen mit der Aula, der Bühne und der Mensa im Übergang zum Atelierhaus eine große Ebene bildete. Hier fanden die berühmten Bauhausfeste statt.

Die *zweigeschossige Brücke* – sie nahm u.a. Gropius' Büro und die Architekturlehre auf – führte zum *Schulgebäude* mit den „gestapelten" Unterrichtsräumen. Es war ebenfalls drei Geschosse hoch, durch schlichte Fenstergestaltung aber vom Werkstattgebäude unterschieden. Hier sind heute u. a. Räume der Hochschule Anhalt – Hochschule für angewandte Wissenschaften – untergebracht. Von der Festebene im Werkstattgebäude gelangt man in das fünfgeschossige *Atelierhaus*, in ihm befanden sich 28 Wohnateliers (jedes nur 20 $m^2$ groß) für die „Lehrlinge" oder „Gesellen" der „Meister". Die Lehrer wählten statt des üblichen Professorentitels, den des Meisters. Demzufolge bildeten sie keine Studenten aus, sondern nahmen Lehrlinge auf und ehrten die Fortgeschrittensten als Gesellen. Diese Namensgebung war Programm: Die Idee des Bauhauses erforderte, neue Wege zu gehen, weg von der bisher üblichen akademischen Ausbildung an den Kunstakademien Deutschlands. Neue pädagogische Ansätze waren gefragt und handwerkliche Fähigkeiten, ja handwerkliche Meisterschaft, galten als Voraussetzung jeder Kunst. Das Credo lautete: „Die Schule soll allmählich in der Werkstatt aufgehen" (Gropius). Im Inneren waren alle Gebäudeteile und Räume unterschiedlich farbig behandelt (Farbplan: Hinnerk Scheper). Das sollte ihre jeweilige Funktion, aber auch konstruktive Elemente hervorheben. Für den Bauhauskomplex gibt es – das ist bewusst so angelegt – keine Gesamtansicht. Sie ergibt sich erst aus einem anschauenden Rundgang um die Gebäude.

In der NS-Zeit war das Bauhausgebäude Amtswalterschule der NSDAP. Das während des Zweiten Weltkrieges schwer beschädigte Haus wurde in der frühen DDR umgebaut. Die Stahl-Glas-Vorhangfassade musste einer schlichten Zie-

◀ Am Atelierhaus

**BAUHAUSMEISTER**

Lehrtätigkeiten übten am Bauhaus Dessau u. a. aus: Anni Albers (Weberei), Josef Albers (Glasmalerei, Vorkurs), Hinnerk Scheper (Wandmalerei), Georg Muche (Weberei), László Moholy-Nagy (Metall), Herbert Bayer (Typografie), Joost Schmidt (Plastische Werkstatt), Marianne Brandt (Metall), Hannes Meyer (Architektur), Walter Gropius (Möbel), Marcel Breuer (Möbel), Wassily Kandinsky (Wandmalerei), Paul Klee (Glasmalerei, Weberei), Lyonel Feininger (Druckerei), Gunta Stölzl (Weberei), Oskar Schlemmer (Holz- und Steinbildhauerei, Bühne) und Ludwig Mies van der Rohe (Architektur).

gelwand mit ebensolchen Fenstern weichen. Im gesamten Haus wurden drei Berufsschulen untergebracht. Die historische Bedeutung des Bauhauses wurde in der DDR seit Mitte der 70er Jahre gewürdigt, schrittweise begann man, das Erhaltene originalgetreu zu restaurieren.

Zur Zeit seiner Gründung lag das Bauhaus noch auf freiem Feld; heute ist es von der stark gewachsenen Stadt umgeben und eine Stätte der Begegnung, zahlreicher Veranstaltungen und wissenschaftlicher Konferenzen. (Räume für Veranstaltungen können auch gemietet werden.) Das Hauptgebäude ist seit 1994 Sitz der *Stiftung Bauhaus Dessau*, einer Stiftung öffentlichen Rechts, und wird vom Bund, dem Land und der Stadt getragen. Mit ihren Bereichen Werkstatt, Sammlung und Akademie verfolgt sie zwei Ziele: Bewahrung und Vermittlung des Erbes sowie die Erarbeitung schöpferischer Beiträge zur Lösung aktueller städtebaulicher Probleme und zur Gestaltung heutiger Lebenswelten.

Im Hauptgebäude wird die Dauerausstellung „Bauhaus Dessau – Werkstatt der Moderne" gezeigt. Anhand zahlreicher Exponate aus der Zeit von 1925–1932 werden die Entwicklung und Arbeitsweise der historischen „Hochschule für Gestaltung Bauhaus Dessau" sichtbar.

Gropiusallee 38
Tel.: (03 40) 6 50 82 51
besuch@bauhaus-dessau.de
www.bauhaus-dessau.de
www.bauhaus.de

**Tgl. 10–18 Uhr, Führungen tgl. 11 und 14 Uhr, Dauer 1 h, 16. Feb.–31. Okt. Sa., So., Feiertage 11, 14 und 16 Uhr**

## 2 MEISTERHÄUSER S. 64

Organisation der Vereinten Nationen für Bildung, Wissenschaft, Kultur und Kommunikation

Das Bauhaus und seine Stätten in Weimar und Dessau Welterbestätte seit 1996

★ TOP-TIPP

Zeitgleich mit dem Bauhausgebäude wurden in den Jahren 1925 und 1926 nach Plänen von Walter Gropius vier Wohnhäuser errichtet: drei

Im Meisterhaus Feininger ist das Kurt-Weill-Zentrum untergebracht

Doppelhäuser für die Meister (Lehrer) des Bauhauses und ein frei stehendes Einzelhaus für den Direktor. Sie bestanden aus vorgefertigten Platten (Zement, Schlacke, Kies und Sand), die ohne Einsatz von Kran oder schwerer Maschine von Hand verbaut werden konnten. Diese Materialwahl entsprach der Gesinnung des neuen Bauens: praktisch, preiswert, variabel, kurzfristig herstellbar und leicht verarbeitbar. Diese Häuser waren ohne weitere Baurisse jederzeit beliebig zu vervielfachen, sie konnten und sollten als Typen eines künftigen Massenwohnbaus verstanden werden.

Die Wohnbauten wurden im Auftrag der Stadt auf einem bislang unbebauten Grundstück mitten in einem Bestand junger Kiefern errichtet. Sie blieben Eigentum der Stadt, die sie an die Meister vermietete. Noch nach über 80 Jahren beeindruckt, wie Gropius den selbstgestellten Anspruch des neuen Wohnens – mehr Licht, Luft und Sonne – erfüllte. Jeweils drei Baukuben mit Obergeschoss sind horizontal zwischen einem vertikalen Treppenturm ineinandergeschoben. Sie nehmen Räume auf, deren Größe teilweise durch verschiebbare Wände variiert werden kann. In den Doppelhäusern sind die baugleichen, aber nicht völlig deckungsgleichen Wohnungen gegeneinander gespiegelt und um 90 Grad gedreht. An den der Straße abgewandten Seiten befinden sich Terrassen und Balkone.

Meisterhaus Muche/Schlemmer, Südseite

Als Erste wohnten Gropius, Moholy-Nagy und Feininger, Muche und Schlemmer sowie Kandinsky und Klee mit ihren Familien hier. Jede Wohneinheit (mit Ausnahme des Einzelhauses für Gropius) verfügte über ein großes verglastes Atelier, alle anderen Räume waren dem Ablauf des „normalen Lebens" einer mittelständischen Familie angepasst, d. h. alles Notwendige sollte ohne „Leerlauf und Unruhe" funktionieren: schlafen, kochen, waschen, duschen, spielen, denn „die Baugestalt ist nicht um ihrer selbst willen da, sie entspringt allein aus dem Wesen des Baus, aus einer Funktion, die er erfüllen soll" (Gropius). „Zierrat", alles Entbehrliche, das noch die Bauten des vergangenen Kaiserreiches überreich „geschmückt" hatte, entfiel vollständig. Walter Gropius lehnte alles ab, was „die absolute Gestalt des Baues" verschleierte. Das betraf auch auffällige (und damit teure) Dachkonstruktionen. Die Meisterhäuser haben, wie es für alle Bauhaus-Bauten typisch ist, Flachdächer. Diese erfüllen meist auch die Funktion von Terrassen. Die Ausstattung der Wohnungen wurde teilweise von den Werkstätten des Bauhauses übernommen (Einbauschränke, Leuchten, Durchreichen, jedoch auch Möbel, wie etwa

verwandelbare Sofas). Moderne technische Geräte kamen dazu, beispielsweise eine Gaswarmwasserversorgung und Heizungsradiatoren aus den Junkerswerken. Die Farbgestaltung entstammte ebenfalls den Bauhauswerkstätten, allerdings haben Künstler wie Paul Klee und Wassily Kandinsky ihre Häuser selbst farblich gestaltet, oft jede Wand eines Raumes in unterschiedlichsten, stark leuchtenden Tönen. In ihren Wohnungen lassen sich 170 Farbnuancen nachweisen!

Die Bauten mit ihren Ausstattungen wirkten in jenen Jahren ausgesprochen luxuriös. Der Luxus sollte – so dachte Gropius – in absehbarer Zeit zur Norm werden. Oskar Schlemmer aber meinte nach der ersten Besichtigung: „Ich bin erschrocken ... hatte die Vorstellung, hier stehen eines Tages die Wohnungslosen, während sich die Herren Künstler auf dem Dach ihrer Villa sonnen."

Die Meisterhäuser hatten unterschiedliche Schicksale. Nach 1933 wurden sie von der Stadt Mietern übergeben, die sich verpflichten mussten, möglichst alle Spuren des „undeutschen Bauens" zu tilgen. Also baute man um, zum Teil bis zur Unkenntlichkeit eines Hauses. Im Krieg wurde das Direktorenhaus vollständig zerstört; auf seiner Grundplatte steht seit 1956 ein durch keine Besonderheit ins Auge fallendes Einfamilienhaus. Das Haus Feininger/Moholy-Nagy erhielt einen Bombentreffer; in der DDR war hier eine Poliklinik untergebracht, andere Häuser dienten als anspruchslose Mietwohnungen. Der Wert der Meisterhäuser wurde spät erkannt. 1992 begann die originalgetreue Rekonstruktion, die nun abgeschlossen ist. Im Haus Feininger haben heute das 1990 gegründete *Kurt-Weill-Zentrum* und die *Kurt-Weill-Gesellschaft* ihren Sitz. Sie pflegen das Erbe des großen Sohnes der Stadt – u. a. durch das alljährlich stattfindende international renommierte „Kurt Weill Fest" und zahlreiche Veranstaltungen im Haus – und

sie leisten Forschungsarbeit. Das Zentrum ist die einzige europäische Dokumentationsstelle für Leben und Werk Weills (vgl. S. 103).

Ebertallee 63, 65/67 und 69/71
Tel.: (03 40) 6 50 82 51
info@meisterhaeuser.de
www.meisterhaeuser.de

**16. Feb.–31. Okt. Di.–So. 10–18 Uhr, 1. Nov.–15. Feb. nur bis 17 Uhr, Anmeldung für Führungen über Stiftung Bauhaus**

*Haus Kandinsky/Klee*
Tel.: (03 40) 6 61 09 34
Dokumentation zum Schaffen beider Künstler, Ausstellung zum Bau der Meisterhäuser, Wechselausstellungen

*Haus Muche/Schlemmer*
Tel.: (03 40) 8 82 21 38 (Haus Muche)
Tel.: (03 40) 6 61 18 13 (Haus Schlemmer)
Ausstellungen der Stiftung Bauhaus

*Haus Feininger/Kurt-Weill-Zentrum*
Tel.: (03 40) 61 95 95
www.kurt-weill.de
www.kurt-weill-fest.de

## 3 EHEMALIGES ARBEITSAMT

**S. 64**

Aus dem beschränkten Wettbewerb für die Errichtung des Arbeitsamtes, zu dem nur Bruno Taut (1880–1938), Hugo Häring und Walter Gropius, eingeladen worden waren, ging Letzterer als Sieger hervor. Er hatte einen Entwurf vorgelegt, der den Ansprüchen an einen modernen Verwaltungsbau entsprach. Das 1929 fertiggestellte Haus umfasst einen zweigeschossigen Bürotrakt. Auffallend und für diese Jahre revolutionär ist der vorgelagerte eingeschossige Rundbau mit gläsernem Dach. Er hat fünf Eingänge, die die Besucher, getrennt nach Geschlecht und Berufsgruppen, zu den Beratungsräumen und einer zentralen Kassenzone lenkten. Auch andere Räume im Haus wurden durch Oberlichter erhellt, sie konnten durch Seilzüge geöffnet werden und sorgten so für eine zugfreie Belüftung. Frischluft für die kleineren Büros wurde durch ein von den Junkerswerken entwickeltes System ins Haus gebracht.

◄Haus Feininger, Westseite

Meisterhaus Kandinsky/Klee: Blick in das farblich gestaltete Treppenhaus

Im Gebäude (Stahlskelettkonstruktion, Ziegelausmauerung und -verklinkerung) begannen ab 1936 erhebliche Umbauarbeiten (Fenster, Raumaufteilung). Dennoch ist Gropius' Idee noch gut erkennbar und nachvollziehbar. Nur die von ihm ersonnene und hochfunktionale Lenkung der Besucherströme ins Zentrum des Baues – Kassenzone mit Auszahlungsschaltern – ist für den Besucher nicht mehr vorstellbar. Heute ist das Gebäude, nach seiner Sanierung 2003, Sitz des städtischen Amtes für Ordnung und Verkehr.

August-Bebel-Platz 16
Führungen: Stiftung Bauhaus Dessau
Tel.: (03 40) 6 50 82 51
Anfahrt: Buslinie 12
**Mo. 8–12 Uhr, Di. 8–12, 13.30–17.30 Uhr, Do. 8–12, 13.30–15.30 Uhr**

## 4 KORNHAUS S. 64

Carl Fieger (1893–1960), seit 1914 Entwurfszeichner im privaten Architekturbüro Gropius, beteiligte sich im Jahr 1928 an einem Wettbewerb der Stadt Dessau. Gesucht wurde der beste Vorschlag zum Bau eines Ausflugslokals an einer der schönsten Stellen Dessaus, unmittelbar am Deich der engen Elbschleife im Norden der Stadt. Obwohl Fieger keinen Preis gewann, wurde doch sein Entwurf angekauft und wenig abgewandelt umgesetzt, wahrscheinlich aus Kostengründen. Das Kornhaus (ausgeführt 1929/30) entstand in einer Mischbauweise (Stahlbetonskelett, Ziegel, Glas) und enthielt auf seinen zwei Ebenen mehrere gastronomische Einrichtungen: ein Restaurant, ein Café, einen Tanzsaal

Rundbau am Kornhaus

Blick in den Restaurantbereich des Kornhauses mit rekonstruiertem Interieur

und im Sockel des kubischen Baus eine Stehbierhalle. Der im Westen vorgelagerte großzügig verglaste Rundbau bot und bietet noch immer – wie die vor ihm liegenden Terrassen – einen schönen Blick auf den Strom. Die Innenausstattung übernahmen die Werkstätten des Bauhauses. Das Kornhaus – es hat seinen Namen von einem ehemaligen Getreidespeicher am gleichen Ort – befindet sich nach der denkmalgerechten Sanierung 1994/96 fast wieder in seinem Originalzustand. Die Schiebefenster sind zeitgenössische Repliken, die Kugellampen und Leuchten an den Wänden konnten rekonstruiert werden (Restaurant im Kornhaus vgl. S. 107).

Kornhausstraße 146

## 5 SIEDLUNG TÖRTEN S. 64

★ ENTDECKER-TIPP

Wie in allen großen Städten Deutschlands nahm nach dem Ersten Weltkrieg auch in Dessau die Einwohnerzahl stark zu. Wohnraum war knapp. Das Reichsheimstättengesetz ermöglichte es der Stadt, 1925 nahe dem Dorf Törten (heute eingemeindet) günstig Bauland vom Freistaat Anhalt zu übernehmen und einen großen Auftrag zur Errichtung einer Wohnsiedlung zu vergeben. Walter Gropius wurde Anfang 1926 mit der Gesamtplanung und der architektonischen Gestaltung beauftragt. Seine Planungen für zunächst 60 Einfamilienhäuser wurden im Juni 1926 bestätigt. Als das Hauptgebäude der avantgardistischen Kunstschule im Dezember 1926 eingeweiht wurde, konnten bereits die ersten Häuser des Großprojektes besichtigt werden. Die gesamte Siedlung Törten (auch Gropiussiedlung genannt) entstand in einem bisher ungekanntem Tempo bis zum Frühjahr 1928. In nur zwei Jahren wurden 314 Reihenhäuser errichtet. Zu leisten war diese erste wirkliche Serienproduktion von Häusern nur durch eine exakte Planung jeden einzelnen Arbeitsganges, die Ausschaltung allen Leerlaufs und ein kompromissloses, industrialisiertes Bauen in Großblöcken.

Gropius hat vier Haustypen in sechs Varianten geschaffen, von denen die Typen I, II und IV ausgeführt wurden. Er ging dabei getreu der Bauhausprämisse „Licht, Luft, Sonne und Funktionalität" vor. Um die ökonomischen Forderungen erfüllen zu können, nutzte er die neuesten technischen Möglichkeiten. Das entsprach zugleich den Maßgaben der Reichsforschungsanstalt für Wirtschaftlichkeit im Bau- und Wohnungswesen. Als Außenwände wurden, statt teurem Ziegelmauerwerk, Schlackenbetonhohlkörper gewählt. Sie wurden an Ort und Stelle gefertigt, denn Kies und Sand kamen in unmittelbarer Nähe der Großbaustelle vor, lediglich Hochofenschlacken und Zement mussten über größere Entfernungen transportiert werden. Die Decken der Häuser ruhten auf Stahlbetonträgern. Das Programm zielte auf die Herstellung preiswerten Wohneigentums ab. Jedes Haus erhielt einen Wirtschaftsgarten von 350 bis 400 m$^2$ in dem auch Kleintierhaltung vorgesehen war. Die künftigen Bewohner, gedacht war an Arbeiterfamilien, sollten sich zumindest teilweise mit dem Notwendigsten selbst versorgen können. Ein Gropius-Haus wurde für 10.000 RM angeboten. 1.000 bis 1.500 RM mussten als Eigenkapital aufgebracht werden, der Fehlbetrag konnte über einen Zeitraum von 20 Jahren abbezahlt werden. Obwohl Arbeiterhaushalte in jenen Jahren nur über etwa 280 RM Monatseinkommen verfügten, war die Nachfrage sehr groß.

Die sozusagen am Fließband entstehenden Doppelhäuser wurden zu Gruppen von vier bis zwölf Häu-

Rekonstruierte Bauhaustür am Haus Doppelreihe 35

Typische Bauhausarchitektur in der Siedlung Törten

sern zusammengefasst und mehrheitlich so angeordnet, dass sie in etwa einen Viertelkreis bilden, der jederzeit zum Halb- bzw. Vollkreis erweitert werden konnte. Dazu ist es nicht gekommen. Die breiten Straßen vor den Häusergruppen sind also nicht nüchtern gerade, sondern folgen dem Schwung der ins Auge gefassten Gesamtanlage als Klein-, Mittel- und Großring. Eine Ausnahme bilden die Häuser der Doppelreihe mit der davor liegenden kurzen Versuchsreihe. Die Häuser der Doppelreihe (Typ I, Wohnfläche 74 $m^2$) entstanden 1926. Das Erdgeschoss enthält Wohnzimmer, Küche und Speisezimmer sowie einen Raum, der als Wasch- und Badezimmer genutzt werden konnte. Im niedrigen Anbau an der Gartenseite befanden sich der Kleintierstall und die Toilette (Torfabort). Drei Räume im Obergeschoss konnten als Schlaf-, Kinder- und Arbeitszimmer genutzt werden, das Dach des Anbaus diente als Terrasse. Typ II (Wohnfläche 70,5 $m^2$) folgt diesem Programm mit geringfügigen Änderungen. Erst der Typ IV weicht erheblich vom Grundmuster ab. Hier ist die Wohnfläche auf 57 $m^2$ reduziert, verfügt aber über einen Keller mit Bad, Waschküche und Wirtschaftsräumen. Die Fassaden aller Typen sind zur Straße durch relativ schmale, genormte horizontale und vertikale Fensterbänder gegliedert. Schmal und genormt waren auch die Türen in den schwarz-weiß kontrastierten Häusern. Diese Normierung wurde von

> „Das Haus für das Existenzminimum muß bei geringerem Preis mehr Komfort bieten als die heute übliche bürgerliche Behausung. Wird die Wohnung für das Existenzminimum ein Reihenhaus sein oder in großen Wohnblöcken untergebracht sein? Das Haus für das Existenzminimum wird nicht geschaffen werden, indem man alle Details einer Villa verniedlicht und in schlechterer Ausführung wiederholt. Das Haus für das Existenzminimum muß zugleich eine neue Wohnform werden."
>
> Siegfried Giedion, 1929

den neuen Eigentümern oftmals nicht akzeptiert. So kam es schon bald zu Um- und Einbauten und farblichen Veränderungen.
Die Einheitlichkeit des Ensembles war bis zur Mitte des 20. Jh. weitgehend aufgehoben. In den kommenden Jahren soll die seit 1974 unter Denkmalschutz stehende Siedlung nach und nach wieder ihren ursprünglichen Charakter erhalten. Mit dem Haus Mittelring 38 wurde ein Anfang gemacht. Es kann seit seiner denkmalgerechten Sanierung 1996/97 heute als Musterhaus besichtigt werden. Hier hat die 1993 gegründete *Moses-Mendelssohn-Gesellschaft* ihren Sitz. In ihren Räumen kann eine Ausstellung zu Leben und Werk des großen Philosophen (vgl. S. 102) und zur Geschichte der jüdischen Mitbürger Dessaus besichtigt werden. Im Haus befinden sich ein Archiv und eine Bibliothek, in Vorträgen, Veranstaltungen und in einer Schriftenreihe werden die Ergebnisse wissenschaftlicher Forschungen öffentlich gemacht.

*Moses-Mendelssohn-Zentrum im Musterhaus*
Mittelring 38
Tel.: (03 40) 8 50 11 99
mendelssohn@datel-dessau.de
www.mendelssohn-dessau.de
Anfahrt: Straßenbahnlinie 1 (Damaschkestraße), Buslinie 12 (Meisenweg)
**Besichtigung: März–Okt. tgl. 10–17 Uhr, Nov.–Feb. Mo.–Fr. 10–16 Uhr, Sa., So. 13–16 Uhr**

*Haus Kleinring 5*
Das Haus wurde denkmalgerecht saniert und ist ebenfalls zu besichtigen, außerdem kann – nach Voranmeldung – ein Zimmer gemietet werden.
Tel.: (03 40) 8 58 21 36
kleinring@aol.com
www.bauhaus-erleben.de
**Besichtigung nach Anmeldung: April–Okt. Di.–So. 10–18 Uhr, Nov.–März 11–17 Uhr**

## KONSUMGEBÄUDE

Zur Siedlung gehört das 1928 errichtete Konsumgebäude. Gropius entwarf einen zweigliederigen Baukörper, einen Flachbau für Läden und ein fünf Geschosse hohes Haus. Er entstand nach dem bauhaustypischen „Baukastenprinzip" und wirkt wie ineinandergeschoben. Im Flachbau waren Personalräume und im Haupthaus Gemeinschaftsräume vorgesehen (Waschküche, Trockenraum und eine gemeinsame große Dachterrasse für alle Bewohner und Nutzer). Die Ladenräume konnten durch verstellbare Wände in unterschiedlich große Verkaufsflächen getrennt werden, die drei Dreizimmerwohnungen (je 90 $m^2$) erhielten je zwei Balkons. Gebaut wurde in traditioneller Weise (Ziegelmauerwerk), beim Flachbau bildet eine Stahlbetonkonstruktion die Grundlage. Den Krieg hat das Konsumgebäude unversehrt überstanden. Seit seiner Sanierung 1990, die die ursprüngliche Farbigkeit wiederherstellte, wird es erneut als Ladenlokal und Wohnhaus genutzt.

Am Dreieck 1

## LAUBENGANGHÄUSER

1928 übernahm der Nachfolger von Gropius im Direktorenamt, Hannes Meyer, den Auftrag der Spar- und Baugenossenschaft Dessau, größere Mietshäuser im neuen Wohngebiet Törten zu errichten. Die Bauabteilung des Bauhauses entwarf unter Meyers Leitung den Typ eines dreigeschossigen Laubenganghauses mit 18 Kleinwohnungen zu je 48 $m^2$. Sie entsprachen in Anlage und Ausstattung den Überzeugungen des Bauhauses vom sozialen Wohnungsbau: preiswert, geräumig, den

Das Konsumgebäude

Laubenganghaus

Bedürfnissen einer vierköpfigen Familie weitgehend angepasst. Bei aller Sparsamkeit gab es dennoch eine moderne Ausstattung mit WC, Bad, Heißwasseranlage und Warmwasserheizung, sogar verschiebbare Trennwände. Der Laubengang (Außengang) vor den Wohnungen bot einen halböffentlichen Raum für Kommunikation. Und er ersparte aufwändige Treppenhäuser; es gibt nur ein zentrales von dem aus die Laubengänge betreten werden können. Der Kommunikation wurde auch durch Gemeinschaftsräume Rechnung getragen (Kinderspielplatz, Trockenplatz, Fahrradunterstände), dazu kam der Garten, von dem jeder Mieter 30 m² privat bewirtschaften durfte. Diese Wohnungen waren außerordentlich beliebt und sind es auch heute noch – wenn auch nicht mehr bei vierköpfigen Familien. Die fünf in Ziegelbauweise errichteten Laubenganghäuser (Peterholtzstraße, Mittelbreite) wurden 1998 restauriert. Eine Wohnung wurde originalgetreu rekonstruiert und kann im Rahmen von Führungen besichtigt werden.

Besichtigung Haus Peterholzstraße 40
Tel.: (03 40) 6 50 82 51
Führungen über Stiftung Bauhaus Dessau

## WOHNHAUS FIEGER

Carl Fieger errichtete sich 1927 nach eigenen Plänen sein privates Wohnhaus. Es ist das einzige Gebäude einer Entwurfsreihe für kleinere Einfamilienhäuser (74 m² Wohnfläche), das gebaut wurde, und unterscheidet sich von den Häusern der Siedlung in einem grundsätzlichen Punkt: Fieger fügte einen kubischen und einen runden Baukörper ineinander. Der runde Bau nimmt das Treppenhaus zum Obergeschoss und zur Dachterrasse auf. Der Bauherr, der 1928 mit Gropius nach Berlin ging, hat nach 1945 bis zu seinem Tod 1960 hier gelebt. Wenig später wurde das Gebäude verkauft und erhielt einen Anbau. Bei der Restaurierung 1996 bekam der historische Baukörper seine ursprüngliche Farbigkeit zurück: Weiß für die Fassade, Blau für die Fensterrahmen, Türen und den Sockel. Das Fiegerhaus kann nicht besichtigt werden.

Südstraße 6

## STAHLHAUS

Georg Muche (1895–1987) und Richard Paulick (1903–1979) errichteten 1926/27 ein Stahlhaus zur Erprobung neuer Materialien im Wohnungsbau. An ein Stahlskelett als tragender Konstruktion wurden Stahltafeln montiert und von innen hinterbaut. Auch hier wurde die bauhaustypische Form beibehalten: Zwei unterschiedlich hohe Quader (3 bzw. 2,40 m) schieben sich ineinander. Sie nehmen auf einer Grundfläche von 72 m² alles auf, was für das Wohnen einer Familie erforderlich ist: Wohn- und Schlafraum, Küche, Bad, WC, dazu Abstellraum, Flur und ein nur von außen erreichbares Kohlenlager. Licht kommt durch schmale vertikale bis zur Erde reichende Fensterbänder und Bullaugen ins Haus. Der Versuch ist nicht bis zur Großfertigung gediehen, denn bald stellten sich Probleme mit der Wärme- bzw. Kältedämmung und der Korrosion des Metalls ein. Dennoch wurde das Haus bis 1990 bewohnt. Es wurde 1992/93 denkmalgerecht saniert und ist heute Informationszentrum für die Siedlung Törten.

Südstraße 5

Tel.: (03 40) 6 50 82 51

Gruppenführungen durch die Siedlung Törten über Stiftung Bauhaus

Anfahrt in die Siedlung Törten: Straßenbahnlinie 1, Buslinie 12

**Di.–So. 10–18 Uhr, im Winter bis 17 Uhr, tgl. ab 15 Uhr öffentliche Führung (Treffpunkt Stahlhaus)**

Aus ungewöhnlichem Material erbaut: das Stahlhaus

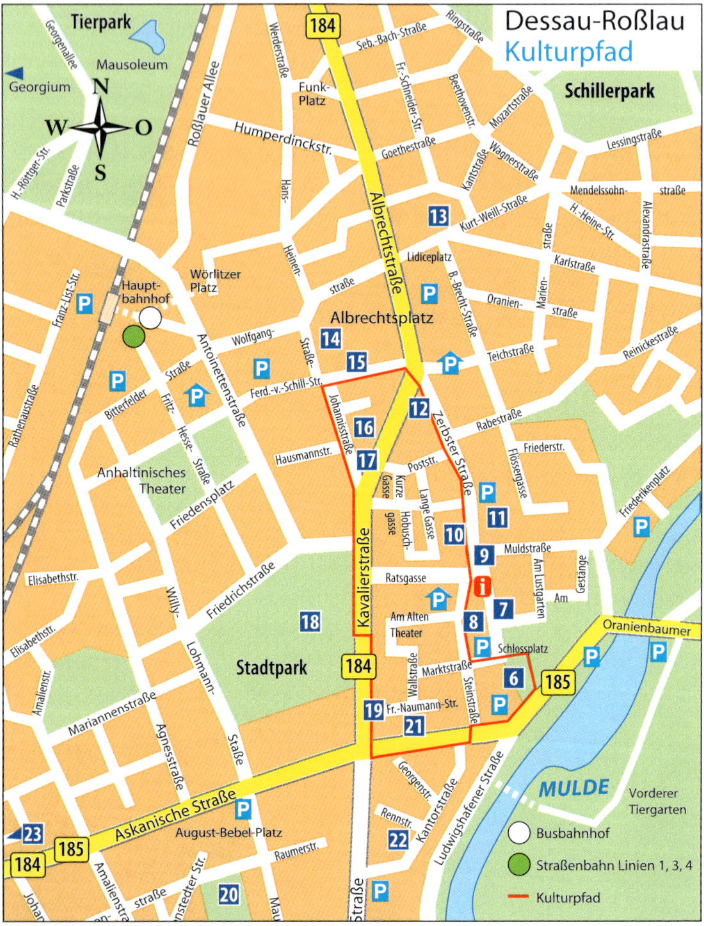


6 Johannbau **S. 83**
7 St. Marien **S. 84**
8 Denkmal Fürst Leopold I. **S. 85**
9 Rathaus **S. 85**
10 Pfeifferhaus **S. 86**
11 Palais Waldersee **S. 86**
12 Palais Dietrich **S. 86**
13 Lidiceplatz **S. 87**
14 Leopoldkaserne **S. 87**
15 Schwabehaus **S. 88**
16 Johanniskirche **S. 88**
17 Denkmal Fürst Franz **S. 89**
18 Stadtpark **S. 89**
19 Museum für Naturkunde und Vorgeschichte **S. 89**
20 Historischer Friedhof **S. 90**
21 Georgenkirche **S. 90**
22 Kantorhaus **S. 90**
23 Technikmuseum „Hugo Junkers“ **S. 91**

# RUNDGANG DURCH DESSAU

Dessaus offizieller „Kulturpfad" führt zu 31 Stationen: Man kann ihn überall betreten und wird auf ihm zuverlässig durch die Stadt geleitet – Bronzeplatten und Richtungspfeile auf den Gehwegen weisen auf die Sehenswürdigkeiten hin. Auf der Karte ist die jeweilige Lage eines Objektes mit der Nummer angegeben, die im Text zu finden ist.

Öffentlicher Stadtrundgang auf dem Kulturpfad mit Besteigung des Rathausturmes (Dauer 2 h).
Tourist-Information:
Tel.: (03 40) 2 04 14 42
Treffpunkt: Zerbster Straße 2 c
**April–Okt. Sa. 10 Uhr**

## 6 JOHANNBAU S. 82

Der *Schlossplatz*, Dessaus zentraler Platz, wurde nach den Zerstörungen des Zweiten Weltkrieges teilweise mit modernen Gebäuden, meist Plattenbauten der 1960er bis 1980er Jahre, umstellt. An die große Zeit Dessaus als Residenzstadt des Fürstentums erinnern vor allem die Marienkirche und ein Flügel des Schlosses, der sogenannte Johannbau. Dieser Rest der einst vierflügeligen Schlossanlage steht heute allein und frei. Sein namengebender Bauherr, Fürst Johann IV. von Anhalt (1504–1551), hat das Gebäude 1530 bis 1532 auf dem Gelände der bereits 1341 erwähnten Burg errichten lassen. Der Johannbau gehört zu den ersten Zeugnissen der Frührenaissance in Deutschland. Diesem Gebäude, jahrzehntelang das repräsentativste der Gesamtanlage, wurden in späteren Jahrhunderten Süd-, Ost- und Nordflügel hinzugefügt; der Nordflügel wurde später abgebrochen. Der Ostflügel entstand von 1741 bis 1751 neu nach Plänen von Georg Wenzeslaus von Knobelsdorff, galt aber als unvollendet. Zwei der verbliebenen drei Flügel wurden 1945 zerstört und später abgebrochen, der schwer beschädigte Johannbau aber wurde bautechnisch gesichert. Erst 1991 begann die Rekonstruktion, die 2004 abgeschlossen werden konnte. Blickfang ist der vorspringende Treppenturm, ein echter Wendelstein, der an einer Spindel die gesamte Baulast trägt. Zum Gesamteindruck des Johannbaus tragen das restaurierte Schlossgitter von 1875, die Reste des Tores und ein Teil der alten Begrenzungsmauer, die den ehemaligen Lustgarten vom Schlossplatz trennte, bei. Die große *Brunnenschale* vor dem Johannbau stand bis 1867 auf dem Kleinen Markt, dicht an der Marienkirche und dem Rathaus.

Im Johannbau präsentiert das *Museum für Stadtgeschichte* Sachzeugen, Kunstwerke und Dokumente zur Geschichte und Kultur in Anhalt-Dessau.

Schlossplatz 3 a
Tel.: (03 40) 2 20 96 12
museum@stadtgeschichte.dessau.de
www.stadtgeschichte.dessau.de
**Di.–So. 10–17 Uhr**

## 7 SCHLOSS- UND STADTKIRCHE ST. MARIEN S. 82

Der ab 1506 errichtete spätgotische Hallenbau wurde im Jahr 1523 erstmals geweiht. Mehrere Bauphasen bis 1554 bewirkten, dass auch hier erste Elemente der Renaissance, an den späteren Umbauten aber auch solche der Neugotik, seinen Charakter bestimmen. In dem vorwiegend aus Backsteinen aufgeführten Gotteshaus findet man jedoch auch Feldsteine aus dem Vorgängerbau; am Platz stand einst eine bereits 1213 erwähnte romanische Kapelle.

In den Gewölben der Marienkirche befand sich die Grablege der Fürsten bzw. Herzöge von Anhalt-Dessau. Ihre Zinksärge und die fast aller Angehörigen des Herrscherhauses schmolzen im Feuersturm des 7. März 1945. An diesem Tag wurde die Kirche fast vollständig zerstört. Die Gemälde der beiden Cranachs – das „Dessauer Abendmahl", eine Kreuzigung und eine Szene Christi am Ölberg – waren ausgelagert; sie können heute in der Johanniskirche besichtigt werden (vgl. S. 88). Die geretteten Särge wurden in das

Der Johannbau

Mausoleum am Georgengarten überführt.
1989 bis 1998 wurde die Marienkirche nach alten Plänen und auf den Resten der Umfassungsmauern und Gewölbe wieder aufgebaut. Sie ist inzwischen repräsentativer Ort für Konzerte, Theateraufführungen und Ausstellungen.

Tel.: (03 40) 2 04 15 41

Für die beliebten Abendspaziergänge mit der Türmerin von St. Marien:
Tel.: (03 40) 2 04 14 42 (Tourist-Information)

## 8 DENKMAL FÜRST LEOPOLD I.

S. 82

Unmittelbar vor der Marienkirche steht auf hohem Sockel das bronzene Denkmal des Fürsten Leopold I. Sein Schöpfer Johann Gottfried Schadow stellte den „Alten Dessauer" in Feldherrnpose dar. Für Preußen und seinen größten Bildhauer überwogen die Tatsachen, dass dieser Mann die preußische Armee reformiert und u. a. im Jahr 1745 für König Friedrich II. den Sieg bei Kesselsdorf erfochten hatte, die Entscheidungsschlacht des 2. Schlesischen Krieges. Das 1860 geweihte Denkmal ist eine Kopie von August Kiss (1802–1865). Schadows in Marmor gehauenes Werk blieb in Berlin. Doch auch die Kopie wurde 1944 vorsorglich in Sicherheit gebracht, später im Ehrenhof des Schlosses Mosigkau aufgestellt, aber noch

Denkmal Fürst Leopold I.

in der DDR – zur 750-Jahrfeier der Stadt 1988 – an ihren ursprünglichen Platz zurückgebracht.

Schlossplatz

## 9 RATHAUS

S. 82

Dessaus Rathaus befindet sich in unmittelbarer Nähe der Marienkirche. Sein 75 m hoher schlanker Turm ist etwas höher als der des Gotteshauses. Der Entwurf stammt vom Berliner Architekturbüro Heinrich Reinhardt & Georg Süßengut und wurde, wie das gesamte Rathausgebäude, von 1899 bis 1901 ausgeführt. Im Innenhof (nur während der Dienstzeiten des Rathauses zu betreten) sind zwei historische Portale eines Vorgängerbaues (1563/1601) integriert. Beim Luftangriff vom 7. März 1945

Das Rathaus

schwer beschädigt, entstand das Rathaus in etwas einfacheren Formen wieder. Der zweite Anbau zwischen der Zerbster Straße und der Schlossstraße wurde 1995 bis 1997 errichtet. Vom obersten Geschoss des älteren Rathausbaus führen 159 Stufen zur Aussichtsplattform des Turms. Aus 41 m Höhe bietet sich den Teilnehmern einer Stadtführung ein schöner Blick über Dessau und das Gartenreich.

Zerbster Straße 4

## 10 PFEIFFERHAUS S. 82

Das 1595 für den fürstlichen Jägermeister Christoph Becker errichtete Gebäude gehört zu den wenigen, die nach den Zerstörungen des 2. Weltkriegs restauriert werden konnten. Sein Portal entstand 1691 unter dem damaligen Besitzer Johann Kornführer. Die Inschrift darüber weist auf die beiden Männer hin. Der Name Pfeifferhaus bezieht sich auf den letzten Eigentümer 1945.

Zerbster Straße 5

## 11 PALAIS WALDERSEE S. 82

Auch das Palais Waldersee an der Ostseite ist historisch bedeutsam. Friedrich Wilhelm von Erdmannsdorff hat es von 1792 bis 1795 für den Grafen Waldersee errichtet, einem „natürlichen" Sohn des Fürsten. Das Haus mit dem schönen Mittelrisalit trägt, trotz der Zerstörung im Krieg und dem Wiederaufbau 1961/62, unverkennbar die Handschrift des berühmtesten unter den klassizistischen Baumeistern. Hier ist die *Anhaltische Landesbücherei* untergebracht. Im Aufgang zum Foyer befinden sich auf einer Stele die Bronzebüste des in Dessau geborenen Dichters Wilhelm Müller und eine Gedenktafel, die griechische Patrioten als Dank für Müllers „Griechenlieder" gestiftet haben .

Zerbster Straße 10

**Mo., Di., Do., Fr. 10–18 Uhr,**
**Sa. 10–13 Uhr**

## 12 PALAIS DIETRICH S. 82

Weiter nördlich fällt das zweigeschossige Palais Dietrich mit seiner auffallend gelben Fassade ins Auge.

Mit seinen 13 Achsen und dem dreiachsigen Mittelrisalit meint man auch in diesem Bau ein Haus aus der Zeit des Klassizismus zu erkennen. Es wurde aber bereits 1747–1752 für den Prinzen Dietrich, einen Sohn Leopolds II. Maximilian (1700–1751), errichtet. Ab 1777 war hier für 16 Jahre das berühmte *Philanthropin* (Stätte der Menschenfreundlichkeit) von Johann Bernhard Basedow untergebracht. Das heutige Erscheinungsbild des Palais ist den Umbauten von 1820 geschuldet. Derzeit residiert hier die Wissenschaftliche Bibliothek der Anhaltischen Landesbücherei.

Zerbster Straße 35

Bertolt Brecht (vorn) und Kurt Weill sitzen sich am Lidiceplatz gegenüber

## 13 LIDICEPLATZ S. 82

Nur wenige hundert Meter entfernt von der Kirche St. Peter und Paul in der Zerbster Straße befindet sich der Lidiceplatz. Hier hat sich, bis auf einige Ausnahmen, die Originalbebauung der Gründerjahre um 1900 erhalten. Auf dem Platz steht eine *Denkmalgruppe*, die einen besonderen Bezug zur Kulturgeschichte Dessaus hat. Bertolt Brecht und Kurt Weill sitzen sich in einigem Abstand gegenüber. Brecht in abwägender Denkerhaltung, Weill in abwehrender Pose. Bernd Göbel (* 1942) schuf die Figuren 1984 bzw. 1997. Brechts Bild in Bronze stand bis 1993 an der Einmündung der Ratsgasse in die Zerbster Straße. Als Weill dazukam, bot sich eine Aufstellung an einem ruhigeren Platz an. In der Mitte zwischen den beiden Männern liegt eine Bronzekugel, ihre Inschriften erinnern an die Dreigroschenoper, die beide berühmt gemacht hat, die Kugelform an den Globus, den dieses „Kunststück" wie kaum ein anderes eroberte.

## 14 LEOPOLDKASERNE S. 82

Der Kulturpfad beginnt wieder gegenüber der katholischen Kirche, an der Ferdinand-Schill-Straße. Hier weist eine Gedenktafel darauf hin, dass der preußische Major auch in Dessau Patrioten für den Kampf gegen Napoleon geworben hat. An der Einmündung der Johannisstra-

ße steht die Leopoldkaserne, errichtet 1852–1855. Sie ist der letzte Bau der einst weitläufigen Anlage aus Dessaus Zeit als Garnisonsstadt. Ab 1919 gehörte das Haus der Freimaurerloge „Zu den Drei Säulen", zurzeit ist es Sitz städtischer Behörden.
Ferdinand-von-Schill-Straße 8

## 15 SCHWABEHAUS S. 82

Das 1826 erbaute Fachwerkhaus gegenüber wird *Schwabehaus* genannt. Hier wohnte ab 1829 Samuel Heinrich Schwabe (1789–1875). Der begeisterte Naturforscher hat vom Observatorium im Dachhäuschen aus die Periodizität der Sonnenflecken entdeckt und wurde aufgrund dieser Leistung 1857 zum Mitglied der Königlichen Astronomischen Gesellschaft in London ernannt. Das Haus wird heute u.a. für Veranstaltungen genutzt.
Johannisstraße 18
www.schwabehaus.de

## 16 JOHANNISKIRCHE S. 82

Am Ende der Straße steht die *Johanniskirche*. Der schlichte verputzte Ziegelbau wurde nach Plänen von Cornelius Ryckwaert durch den Dessauer Baumeister Martin Grünberg (1655–1707) errichtet, 1702 geweiht, 1944 zerstört, bis 1955 wieder aufgebaut und eingeweiht. Hier haben drei aus der Marienkirche

Das Denkmal Fürst Leopold III. Friedrich Franz vor der Johanniskirche

gerettete Gemälde von Vater und Sohn Cranach ihren neuen Standort. Das „Dessauer Abendmahl" hat Lucas Cranach d. J. 1565 als Epitaph für Joachim von Anhalt (1509–1561) geschaffen und bekannte Reformatoren und Zeitgenossen, u. a. Luther, Melanchthon, den Fürsten Georg III. von Anhalt mit Christus an einem Tisch versammelt. Die beiden anderen Meisterwerke sind eine um 1523 entstandene Kreuzigung von Lucas Cranach d. Ä., sowie „Christus am Ölberg" von Lucas Cranach d. J., 1561. Die 1990 eingebaute Orgel ist die größte der Evangelischen Landeskirche Anhalts.

Johannisstraße 11

Tel.: (03 40) 21 49 75

www.dessau-evangelisch.de

**Ostern bis Okt. tgl. 11–12, 15–17 Uhr**

## 17 DENKMAL FÜRST LEOPOLD III. FRIEDRICH FRANZ S. 82

Am Ende der kleinen Grünanlage vor der Einmündung der Johannisstraße in die Kavalierstraße steht das Denkmal des Fürsten Leopold III. Friedrich Franz. Die von August Kiss geschaffene und 1858 auf dem damaligen Neuen Markt platzierte Bronzestatue wurde nach ihrer Auslagerung im Krieg 1963 in Wörlitz aufgestellt und ist nach ihrer Restaurierung 1998 an ihren ursprünglichen Standort zurückgekehrt.

Johannisstraße

Denkmal für Wilhelm Müller im Stadtpark

## 18 STADTPARK S. 82

Im nahen Stadtpark erinnern mehrere *Denkmale* an große Dessauer: Die für Moses Mendelssohn (Gerhard Geyer, 1978) und Wilhelm Müller (Hermann Schubert, 1891) sind die wichtigsten. Bemerkenswert sind die astronomische *Weltzeit-Sonnenuhr* in der Mitte des Parks, vor allem aber die mehrteilige *Brunnenanlage* der Dessauer Bildhauerin Christine Rammelt-Hadelich an der Kavalierstraße.

Kavalierstraße

## 19 MUSEUM FÜR NATURKUNDE UND VORGESCHICHTE S. 82

Im von 1748 bis 1750 als *Leopolddankstift* errichteten Gebäude an der belebten Kreuzung Kavalierstraße/Askanische Straße/Franz-Straße befindet sich seit 1927 das Museum für Naturkunde und Vorgeschichte. Gezeigt werden Exponate zur Erdgeschichte und eine Ausstellung zu den heute im Biosphärenreservat Mittelelbe vorkommenden Pflanzen und Tieren.

Askanische Straße 32

Tel.: (03 40) 21 48 24

www.naturkunde.dessau.de

**Di.–Fr. 9–17 Uhr, Sa., So., Feiertage 10–17 Uhr**

## 20 HISTORISCHER FRIEDHOF S. 82

Von der Askanischen Straße aus kann man nach wenigen hundert Metern den Historischen Friedhof erreichen. Der 1787–1789 von Erdmannsdorff errichtete Gottesacker war der erste kommunale Friedhof für alle christlichen Konfessionen in Deutschland und weithin berühmt. Er fand mit seiner Gestaltung und den hier herrschenden Prinzipien Eingang in viele Reiseberichte und auch in die Literatur, so u. a. in Goethes „Wahlverwandschaften". Auf dem Friedhof wurde ohne Standesunterschiede, ohne Steine und Denkmale begraben. Die dem zugrundeliegenden Gedanken finden sich auf dem Portal: „Tod ist nicht Tod, ist nur Veredelung sterblicher Natur" und „Kein drohendes Grabmal und kein Tod wird mehr sein auf der neuen Erde Gefilden" (Rückseite) Hier liegen viele der großen Männer und Frauen des Dessau-Wörlitzer Kulturkreises begraben; auf Erdmannsdorff weist eine Sandsteintafel hin (Nordmauer, rechts vom Haupttor).

Haupteingang Chaponstraße

## 21 GEORGENKIRCHE S. 82

Schräg gegenüber dem Museum für Naturkunde- und Vorgeschichte steht die Georgenkirche. Sie wurde nach dem Abriss des baufälligen Vorgängerbaus aus dem 16. Jh. von 1712 bis 1717 im Stil des niederländischen Barock erbaut und danach mehrfach verändert. St. Georg brannte 1945 aus. 1961 bis 1966 ist die Kirche ohne ihre einstigen Anbauten wiedererrichtet worden. An ihren Außenwänden befinden sich mehrere gut erhaltene Grabsteine.

Georgenstraße 15

## 22 KANTORHAUS S. 82

Nur wenige Schritte südwärts in der Kantorstraße steht das Haus der jüdischen Gemeinde. Es ist das 1889 erbaute ehemalige Wohnhaus des Rabbiners und des Kantors der Gemeinde. Am *Kantorhaus* sind Gedenktafeln für die bekanntesten jüdischen Mitbürger Dessaus angebracht, für Moses Mendelssohn und Kurt Weill. Vorn an der Hauptstraße stand die Synagoge (Baujahr 1908). Sie wurde am 9. November 1938 zerstört, an ihrem Platz erinnert seit 1979 eine Stele an die Verbrechen des Holocaust. Dessau hatte über Jahrzehnte mit einem Anteil von 10 Prozent der Einwohner eine der größten jüdischen Gemeinden in Deutschland.

Kantorstraße 3

## 23 TECHNIKMUSEUM „HUGO JUNKERS" DESSAU

S. 82

Hugo Junkers war ein technisches Multitalent. Er begann mit dem Bau von Gasgeräten, entwickelte Motore für mancherlei Verwendungszweck, baute aus Aluminium Boote und arbeitete eng mit dem Bauhaus zusammen. In den Werkhallen der ehemaligen ABUS-Werke können auf einer Fläche von 4.500 m² seine zur Produktionsreife gediehenen Entwicklungen – u.a. Gasgeräte, Strahltriebwerke, Flugzeuge – besichtigt werden, auch die Metallmöbel, die er zum Teil nach Entwürfen des Bauhauses herstellen ließ. Zu sehen ist das letzte von einst fünf Stahlhäusern. Junkers hat es 1931 als Gegenentwurf zum Stahlhaus Muche/Paulick (vgl. S. 81) gebaut. Star der Ausstellung ist die legendäre Ju52/3m, ihr „Innenleben" darf besichtigt werden.

Kühnauer Straße 161 a
Tel.: (03 40) 6 61 19 82
technikmuseum-dessau@online.de
www.technikmuseum-dessau.de

**Tgl. 10–17 Uhr, Vermittlung von Rundflügen (vgl. S. 169)**

Originale Flugzeuge gehören zu den Glanzstücken der Ausstellung im Technikmuseum „Hugo Junkers"

# ROSSLAU – SCHIFFER-STADTTEIL AN DER ELBE

In einem Dokument, das 1215 auf den Ort am rechten Elbufer Bezug nimmt, ist von Rozelowe die Rede. Das ist nicht nur vermutlich slawisch, man muss schon davon ausgehen, dass dort, gegenüber den angriffslustigen Sachsen am anderen Ufer des Stroms, ein Mann mit Namen Rostisław samt seinen Mannen in einer kleinen Wasserburg saß. Im 13. Jh. war das Gebiet jenseits der Elbe zwar auch hier schon christianisiert, aber wohl noch nicht ganz für das Kreuz gewonnen. Das Wort Rozelowe schliff sich über die Jahrhunderte ab bis zu dem Namen Roßlau. Der Ordnung halber wurde auch das Flüsschen, das vom Fläming kommend hier in die Elbe mündet, Roslaue oder Rossel genannt. Rossel heißt es auch heute.

Die ersten Siedler um die Burg und die Schanzen, die unerwünschte Übergänge unterbinden sollten, waren Fischer. Brot wurde auch verdient mit Fährdiensten, dann mit Brückengeldern, aber die flossen – selbstredend – in die Taschen

Die Wasserburg Roßlau aus dem 14. Jahrhundert

des jeweiligen Landesherrn. Es ging stets darum, die Elbübergänge zu beherrschen. Das war so, als Roßlau zu Anhalt-Dessau gehörte, auch, als es 1603 zu Anhalt-Zerbst geschlagen wurde, das Marktrecht erhielt und somit zur Stadt wurde. 1793 geriet Roßlau unter die Fürsten von Anhalt-Köthen und hieß nun nicht mehr Roßlau, sondern, in damaliger Schreibweise, Neu-Cöthen. Alle diese Duodezfürsten kümmerten sich um den Elbübergang und sonst – um wenig. Stadtmauer? Wozu? Ein Stadtgraben und hinter ihm drei Tore hatten zu genügen. Schulmeister für die Jugend? Der erste lässt sich 1534 nachweisen. Da war das nahe Dessau längst ein Zentrum der Kultur, des Geisteslebens. Spät, 1742, wurde aus dem Gänseanger ein Marktplatz, die Kirche St. Marien entstand zwischen 1851 und 1854.

Wirklicher Fortschritt kam erst um die Mitte des 19. Jh. auf. Da wurde Roßlau eine richtige Schifferstadt. Auf der Werft der Gebrüder Gottfried, Friedrich und Wilhelm Sachsenberg wurden Elbeschiffe gebaut, die bald auf allen großen Flüssen Deutschlands zu Hause waren. 1906 gab es 70 Schiffseigner, 500 „Matrosen“ und 20 Elblotsen! Um 1900 rauchte bei 21 großen Industriebetrieben in und um die Stadt der Schornstein. Das blieb fast hundert Jahre so. Die Elbewerft – heute „Roßlauer Schiffswerft“ – gibt es noch immer. Von 1946 bis 1993 wurden hier mehr als 800 überwiegend seetüchtige Schiffe gebaut. Nicht wenige von ihnen fahren noch immer in den Binnen- und Küstengewässern aller Kontinente.

## WASSERBURG ROSSLAU

„rozelowe dat hus“ nennt ein Dokument von 1358 das Gemäuer. Seine Fundamente wurden aber wahrscheinlich viel früher auf den Trümmern einer slawischen Verteidigungsanlage errichtet. 2005 wurde bei Grabungen im Areal der Burg u.a. ein Fingerring gefunden, der aus dem 14. Jh. stammt. Das Schmuckstück von 20 Karat Gold gilt aufgrund seiner Symbolik – ineinandergreifende Hände – als der älteste Trau- bzw. Gelübdering Deutschlands. Er muss einer adligen Frau gehört haben, denn es war im Mittelalter nur hochgestellten Persönlichkeiten gestattet, Schmuck aus Gold zu tragen.

Von der mittelalterlichen Kernburg, die im 16. Jh. erweitert und 1836 im Sinn der Burgenromantik restauriert wurde, blieben der Wohnturm, eine starke Ringmauer und zwei Nebengebäude erhalten. Und das trotz der unterschiedlichsten Nutzung des Gemäuers. „Dat hus“ war einmal Sommerresidenz des Köthener Herzogs Heinrich (1778–1847), dann Domäne und bot nach dem

Zweiten Weltkrieg lange Jahre auch Flüchtlingen und Vertriebenen Quartier. Heute ist die alte Wasserburg mit ihrem schönen Innenhof und dem begrünten Areal Ort vielseitiger Veranstaltungen, dazu zählen Mittelaltermärkte und das This-is-Ska-Festival (www.this-is-ska.de).

*Förderverein „Burg Roßlau" e. V.*

Am Schlossgarten 18 b

Tel.: (03 49 01) 8 54 41 • 8 24 67

info@burgrosslau.de

www.burgrosslau.de

Führungen nach Voranmeldung

## ÖLMÜHLE

An der Rossel standen schon im 15. Jh. Mühlen für Getreide, Ölsaaten und für das Walken von Leder. Die um 1415 erstmals erwähnte Ölmühle oder „Kleine Mühle" hat, wenn auch nicht in ihrer ursprünglichen Gestalt, die Zeiten überdauert. In ihren Räumen sind heute ein Kulturzentrum und auch ein kleines Heimatmuseum untergebracht.

Hauptstraße 108 a

Tel.: (03 49 01) 5 43 97

www.oelmuehle-rosslau.de

**Heimatstube: tgl. 13–19 Uhr, in den Schulferien zusätzlich 10–12 Uhr**

## SCHIFFBAU- UND SCHIFFFAHRTSMUSEUM

Schiffbau hat in Roßlau eine über 140-jährige Tradition. Im Museum wird sie anschaulich dargestellt. Zu sehen sind viele Modelle der Seiten- und Heckraddampfer, der Ein- und Doppelschraubendampfer, der Bagger und Motorschiffe und das „geteilte" Schaufelrad. Diese Erfindung des Roßlauer Oberingenieurs Ernst Wilhelm Dietze (1837–1915) hat als Sachsenbergsches oder Roßlauer Schaufelrad den Schiffbau um 1880 revolutioniert.

Clara-Zetkin-Straße 30 c

Tel.: (03 49 01) 8 48 24

**Di. 10–12, 14–18 Uhr und jeden 3. So. im Monat 13–17 Uhr, Führung nach Anmeldung**

## EUROPADORF

Unter 86 Bewerbern erhielt Roßlau 1992 den Zuschlag für die Errichtung eines Europadorfes. Zwölf Investoren aus sieben europäischen Ländern bauten auf einer 10 ha großen Brache im Ortsteil Meinsdorf über 250 Wohnungen in Ein-, Zwei- und Mehrfamilienhäusern. Jedes hat einen individuellen Charakter und sagt etwas aus über die nationalen Besonderheiten, die auch moderner Architektur noch eigen sind. Zum Wettbewerb gehörte es, Beispiele für kosten- und raumsparendes Bauen zu schaffen. Rund 40 Mio. Euro wurden in diese Mustersiedlung investiert. Die neue Siedlung war 1994 Schauplatz der Landesausstellung „Bauen und Wohnen in Europa" und lädt heute zum Spazieren und Schauen ein.

# KLEINE STADTGESCHICHTE DESSAU-ROSSLAU

Angefangen hat die heutige Doppelstadt Dessau-Roßlau wie alle Siedlungen im christlich-deutschen Grenzgebiet zu slawischen Siedlungsräumen: als Burgward an der Elbe. Das Dorf Quina (der heutige Ortsteil Kühnau) taucht bereits 945 in schriftlichen Verlautbarungen auf, Pötnitz, Jonitz und Törten werden gegen Ende des 12. Jh. erstmals erwähnt. Aus diesen Flecken entstand die größere Marktsiedlung DISSOWE. So wird sie 1213 zum ersten Mal genannt. Da regierte bereits Fürst Heinrich I. (um 1170–1245). Er war der Erste, der die Selbständigkeit Anhalts gegenüber dem Reich behaupten konnte und sich 1215 „Fürst von Anhalt" nannte. Sein Vorgänger, der Sachsenherzog Bernhard III. (1140–1212) hatte sich zunächst „Graf von Anhalt" genannt.

Schon 1298 ist von einer „Civitas" die Rede, also einer Stadt. Wenig später – 1341 – wurde auf dem Gelände einer Burg ein erstes schlossartiges Anwesen errichtet. In den Quellen ist von Handwerkern die Rede, von der mächtigen Innung der Tuchmacher. Handel und Wandel; doch die strategisch günstige Lage am großen Elbbogen, die Brücken und die Möglichkeiten, den Strom hier weniger gefährlich als anderswo zu überwin-

„Der Große Marktplatz zu Dessau" – Lithografie von Jacobo Pozzi (vor 1860)

den, zogen immer wieder fremde Heere an. All die Gefechte, Stadtbrände und Verwüstungen aufzulisten ist kein interessantes Unterfangen. Und es ist auch nicht möglich, die unendliche und sehr verworrene Geschichte der unzähligen Erbteilungen, Teil- und Wiedervereinigungen der Linien des Hauses Anhalt kurz und einsehbar darzustellen. Historisch bedeutungsvoll wurde es 1525. Auf dem Dessauer Fürstentag beschlossen die Regenten des wieder einmal in mehrere Linien zerfallenen Hauses Anhalt, der vom nahen Wittenberg ausgehenden Reformation zu wehren. Genutzt hat diese Übereinkunft nichts. Neun Jahre später hatte auch in Dessau die evangelische „Partey" gesiegt und Martin Luther predigte in der Marienkirche. Die anhaltischen Untertanen waren, wie die in den mächtigen Nachbarländern Brandenburg und Sachsen, noch vor ihren Herren vom alten Glauben abgefallen, trotz manchen Widerstandes und mancher Wirrnis. Aber schon 1530 ging ihnen ihr eigener Regent voran. Georg III. von Anhalt (1507–1553) bekannte sich zu Luther und Melanchthon, denen er bald freundschaftlich verbunden war. Er wurde selbst ein Reformator, führte 1534 in seinem Land den neuen Glauben als allgemein verbindlich ein, wurde 1544 Bischof der neuen Kirche und blieb dennoch Reichsfürst.

Großen Schaden brachte der Dreißigjährige Krieg, am Ende des großen Mordens hatte die Stadt nur noch 1.500 Einwohner. Doch Dessau erholte sich, trotz weiterer Zersplitterung der Macht aufgrund der anhaltenden Erbteilungen im Hause Anhalt, denn die „Oranische Erbschaft" machte manches möglich. Fürst Johann Georg II. (1627–1693) hatte sich im Haus Oranien eine Frau gesucht. Mit Henriette Catharina von Nassau-Oranien (1637–1708) kamen nicht nur niederländische Gemälde und viele Kunstgegenstände in die Stadt, sondern auch Geld und Baumeister wie Cornelius Ryckwaert († 1693). Der baute u.a. am Großen Markt die viel bewunderten Kolonnaden; sie wurden 250 Jahre später im Zweiten Weltkrieg zerstört. Die junge Fürstin ließ Oranienbaum erbauen, das erste Schloss in der Perlenkette der Schlösser des künftigen Gartenreichs. Der Sohn der Oranierin, Leopold I. (1676–1747) machte als Regent ab 1698 (seit 1693 unter Vormundschaft) aus dem Fürstentum einen geachteten Verbündeten des mächtigen Nachbarn Preußen und hat sich für die Hohenzollern in mancher Schlacht geschlagen. Doch er war in den 54 Jahren seiner Regentschaft nicht nur ein Haudegen. Er tolerierte religiöse Freizügigkeit, ließ neue Stadtteile gründen, u.a. die „Wasserstadt" in

Dessau, und sorgte dafür, dass die Mulde und die Elbe solide Deiche erhielten und sich die Überschwemmungen durch die auch heute nicht ungefährlichen Flüsse in Grenzen hielten. Er förderte Handel und Gewerbe, vor allem die Landwirtschaft und sorgte für solide Verhältnisse in den öffentlichen Kassen.

Der Kunstsinn von Henriette Catharina brach sich erst wieder in Leopolds Tochter Bahn. Die hatte die schöpferische Neigung ihrer Großmutter geerbt. Anna Wilhelmine (1715–1780) ließ im nahen Mosigkau ein Sommerschloss mit Park im Stil des Rokoko errichten. Es war wohl Georg Wenzeslaus von Knobelsdorff (1699–1753), der Baumeister Preußens, der ihr, wenn nicht die Pläne, so doch die Anregungen lieferte.

Leopold III. Friedrich Franz von Anhalt Dessau (1740–1817), kurz nur „Fürst Franz", bald aber zumeist „Vater Franz" genannt, konnte weiteres auf diesem sicheren Fundament errichten. Nicht nur das Luisium, die Anlagen am Drehberg und am Sieglitzer Berg, den Lustgarten am Stadtschloss, den Englisch-chinesischen Garten in Oranienbaum und – als Krone seines Traums vom Gartenreich, der vollkommenen harmonischen Verbindung von Mensch und Natur – das Schloss und die Parkanlagen in Wörlitz mit ihren vielen Bauten. Kunstsinnig war der Fürst, sein Freund Friedrich Wilhelm von Erdmannsdorff (1730–1800) ließ die ästhetischen Ideen von Franz, aber auch seine eigenen Gestalt annehmen. Die klassizistischen Meisterstücke in Dessau und Wörlitz tragen die Handschrift des genialen Architekten, die Parkanlagen die des Fürsten, ausgeführt u. a. von den Hofgärtnern Johann Friedrich Eyserbeck (1734–1818) und Johann Leopold Schoch d. Ä. (1728–1793). Franz sorgte, getragen vom Geist der europäischen Aufklärung, aber auch für Reformen im Schul- und Gesundheitswesen, ordnete Wirtschaft und Finanzen und förderte die Wissenschaften. Maler, Musiker und Dichter zog es an den Musenhof. Unter ihnen Johann Friedrich August Tischbein (1750–1812) dessen Werke heute zu den Glanzstücken der Anhaltischen Gemäldegalerie gehören. Beethovens Klavierlehrer Christian Gottlob Neffe (1748–1798) wurde in Dessau Musikdirektor, das Theater erlebte eine Blütezeit, und Friedrich Matthisson (1761–1831) schrieb hier seine romantischen Gedichte. Dessau hatte unter der Sonne der Aufklärung auch eine große jüdische Gemeinde. Moses Mendelssohn (1729–1786), als Philosoph der Wegbereiter der jüdischen Gleichberechtigung und Integration in Deutschland, wurde in Dessau geboren.

Im Deutschland des 18. Jh. dominierten die aufklärerischen und

Die Junkers-Werke gehörten im 20. Jahrhundert zu den größten Arbeitgebern

kulturästhetischen Gedanken und Taten. Im 19. Jh. die der Industrie, des Gelderwerbs. Dessau wuchs und wuchs. Nach den napoleonischen Kriegen, die auch die Stadt Dessau nicht verschonten, denn das Fürstentum stand als Zwangsmitglied des Rheinbundes (1807) auf Seiten der Franzosen, nahmen die sozialen Spannungen zu. 1847 entlud sich die Wut der Volksarmut in Marktkrawallen und Plünderungen. Im Revolutionsjahr 1848 wurde eine Verfassung verabschiedet, die erst durch den drohenden Einmarsch preußischer Truppen (1851) endgültig aufgehoben werden konnte.

◀ Markttreiben am Rathaus, um 1930

Bei alledem blieb dennoch viel vom kulturellen Klima erhalten. Der Biedermeierherzog Leopold IV. Friedrich (1794–1871) ließ wieder bauen: Kirchen, ein prunkvolles Theater. Die Hofkapelle glänzte, es gab eine bürgerliche Liedertafel … Die Wirtschaft kam voran. Auf der Elbe qualmten ab 1839 die Dampfschiffe, neue Brücken und Häfen wurden am Strom gebaut, die Berlin-Anhalter-Eisenbahn nahm den Verkehr auf, Zuckerraffinerien reckten ihre Schornsteine zum Himmel, Brauereien wurden gegründet und eine Waggonfabrik. Das 1863 mit Köthen, Zerbst und Bernburg wiedervereinigte Herzogtum Anhalt wurde neben dem Raum Halle Industriezentrum in Mitteldeutschland. Bei alledem besaß die städtische Kultur noch immer ihren guten Ruf. Besonders das Theater. Richard Wagner (1813–1883) kam zweimal in die Stadt, denn hier, im „Bayreuth des Nordens" wurden seine Opern glanzvoll aufgeführt.

Industrie, Handel und Wandel, ein großer Bauboom in den Gründerjahren … In diesem Umfeld entfaltete sich das Talent des Technikers und Flugzeugkonstrukteurs Hugo Junkers. 1919 flog das von Junkers geschaffene erste ganz aus Metall gefertigte Verkehrsflugzeug der Welt über der Stadt. Und doch blieb Dessau eine Stadt des Wissens und der Kultur. 1925 gelang es, das in Weimar angefeindete Bauhaus in die Hauptstadt des Freistaates Anhalt zu holen. Die Bauhausmeister haben hier Bleibendes geschaffen: das Hauptgebäude des Bauhauses, die Meisterhäuser, öffentliche Gebäude, eine Wohnsiedlung. Sie schufen Wichtiges im Design der zwanziger und frühen dreißiger Jahre – Möbel, Gebrauchsgeschirr u.v.m. Sie setzten Maßstäbe, die heute noch anerkannt sind.

Dessau wurde während der Luftangriffe im Zweiten Weltkrieg stark zerstört. Die Rüstungsbetriebe waren das Ziel, doch auch das alte Stadtzentrum wurde weitgehend vernichtet. Das Schloss, das Rathaus, das Theater, ganze Wohnviertel … Anderes wurde schwer beschädigt, auch die Häuser der Bauhausmeister. 84 Prozent der Stadt waren bei Kriegsende eine Trümmerwüste. Manches wurde wieder aufgebaut. Nicht schön, aber den Möglichkeiten der Zeit, vor allem dem riesigen Bedarf an Wohnraum geschuldet.

Mit 100.000 Einwohnern war Dessau 1972 die jüngste Großstadt der DDR. Die Wende 1989 hat in vielem ihre Spuren hinterlassen, im Positiven, wie auch im Bedenklichen. Dessau hat heute die Probleme vieler Städte in den neuen Bundesländern: Deindustrialisierung, sinkende Einwohnerzahlen, hohe Arbeitslosigkeit, aber noch immer ein reges und anregendes Kultur- und Theaterleben. Strukturreformen und ein gut durchdachter Stadtumbau sind ein Mittel, die Abwanderung zu stoppen. Allheilmittel sind sie freilich nicht. Dessau hat sich 2007 mit Roßlau am anderen Elbufer zusammengeschlossen, heißt nun Dessau-Roßlau und ist die drittgrößte Stadt in Sachsen-Anhalt. Sie ist im Grunde das geblieben, was sie seit Jahrhunderten war: Mit ihren Kunstsammlungen und Parkanlagen, ihren Schlössern und großartigen Zeugnissen einer beeindruckenden Geschichte ein lebendiges urbanes Zentrum in einer einzigartigen Kulturlandschaft inmitten des großen Biosphärenreservates Mittelelbe.

# BEKANNTE DESSAUER

## LEOPOLD III. FRIEDRICH FRANZ VON ANHALT-DESSAU

* 1740 in Dessau, † 1817 in Dessau
Regierender Fürst von Anhalt-Dessau seit 1758

Der Sohn des Fürsten und preußischen Feldmarschalls Leopold II. Maximilian (1700–1751) kam nach dem frühen Tod der Eltern unter Vormundschaft. Er erhielt keine übliche Prinzenerziehung, sondern Bildung durch aufgeklärte Hauslehrer. Franz sprach fließend Französisch, später auch Italienisch und Englisch. Mit 15 Jahren (1755), getreu den Traditionen des Hauses Anhalt, im Dienst König Friedrich II. von Preußen Teilnahme am Siebenjährigen Krieg. Mit 16 erste Begegnung mit Friedrich Wilhelm von Erdmannsdorff, dem lebenslangen Freund, Berater und dem Architekten mehrerer Bauten in Dessau und im Gartenreich. Von ihm übernahm er viele Gedanken und Anregungen, das führte ihn auch praktisch an die Seite der Aufklärer. Als Siebzehnjähriger quittierte er den Militärdienst, und Anhalt erklärte seine Neutralität im Konflikt mit Österreich und dessen Verbündeten. Das blieb für das Land und seine Herrschaft zwar nicht ohne Folgen, doch sie waren zu ertragen. Friedrich II. sah in Franz wohl den Mann, der das tat, was er in seiner Jugend selbst gern getan hätte.

Mit der Volljährigkeit 1758 begann Franz als Regent des Ländchens von nur 35.000 Einwohnern Schritt für Schritt sein Reformwerk auf sozialem, ökonomischem, verwaltungstechnischem und kulturellem Gebiet durchzuführen. Leopold III., von seinem Volk bald „Vater Franz" genannt, war und blieb in den 59 Jahren seiner Regierungszeit ein aufgeklärter fürstlicher Reformabsolutist. 1765 erste Kavaliersreise (Grand Tour) durch Deutschland, Österreich und nach Italien. In Rom Begegnung mit Johann Joachim Winckelmann (1717–1768). Gemeinsam mit seiner Frau Louise

(1750–1811) Reisen nach Holland und in die Schweiz sowie mehrfache Besuche Englands. Im damals am weitesten entwickelten Land Europas erhielt er viele Impulse für sein Reformwerk, vor allem auf den Gebieten Landwirtschaft, Verkehrswesen, Gartenkunst und Architektur. Fürst Franz, der später von Napoleon zum Herzog erhoben wurde und mit seinem kleinen Land dem Rheinbund beitreten musste, förderte auch das Theater- und Musikleben, das Buch- und Verlagswesen und die bildende Kunst. Sie alle erreichten unter seiner Regierung eine bislang unbekannte Höhe. Dessau war unter Franz das Zentrum des deutschen Kulturlebens. Auf der Grundlage seiner englischen Erfahrungen begann er mit der Umsetzung seiner Ideen von einer harmonischen Verbindung von Mensch, Natur und Landschaft in Verbindung mit frühklassizistischer und neugotischer Architektur in Dessau, den Schlössern und Parkanlagen der Umgebung. Schon zu seinen Lebzeiten wurden sie Wallfahrtsorte der kulturellen Elite Europas. Sie bilden heute das Gartenreich Dessau-Wörlitz, das seit 2000 als UNESCO-Welterbe anerkannt ist und Jahr für Jahr tausende Besucher aus aller Welt anzieht. Grab in der Kirche Dessau-Waldersee, Denkmal vor der Johanniskirche.

## FRIEDRICH WILHELM FREIHERR VON ERDMANNSDORFF

* 1736 in Dresden, † 1800 in Dessau
Architekt und Wegbereiter des Klassizismus in Deutschland

Während seines Studiums in Wittenberg lernte Friedrich Wilhelm von Erdmannsdorff, der Sohn eines kursächsischen Hofbeamten, Fürst Franz kennen, in dessen Dienste er 1758 trat. Erdmannsdorff schuf als dessen Freund und Berater auf der Grundlage mehrerer gemeinsamer Reisen (insbesondere Italien) und des Studiums der Schriften und Bauten des italienischen Renaissancebaumeisters Andrea Palladio zahlreiche große Bauten, Parkarchitekturen und Denkmale in Dessau und im Gartenreich Dessau-Wörlitz (besonders in Wörlitz), ebenso in Potsdam (Sanssouci) und in Berlin (Schloss). Sein Grab befindet sich auf dem Historischen Friedhof Dessau.

## WILHELM MÜLLER

* 1794 in Dessau, † 1827 in Dessau

Liederdichter

Müller entstammt einer Handwerkerfamilie. Nach dem Studium der klassischen Sprachen und einer Italienreise, kam er 1818 als Lehrer und Bibliothekar wieder nach Dessau. Seine Gedichtzyklen „Die schöne Müllerin" und „Die Winterreise" wurden durch die Vertonung durch Franz Schubert (1997–1828) weltbekannt. In Deutschland sind die zu Volksliedern aufgestiegenen Gedichte „Das Wandern ist des Müllers Lust", „Im Krug zum Grünen Kranze" und „Am Brunnen vor dem Tore" populär. Das Grab des Dichters befindet sich auf dem Historischen Friedhof, ein Denkmal im Stadtpark, eine Büste in der Anhaltischen Landesbibliothek.

## LEOPOLD I. VON ANHALT-DESSAU, „DER ALTE DESSAUER"

* 1676 in Dessau, † 1747 in Dessau

Regierender Fürst von Anhalt-Dessau seit 1693, preußischer Generalfeldmarschall

Mit 17 Jahren war Leopold bereits Oberst eines preußischen Regiments. Er reformierte das preußische Heer (führte u.a. den Gleichschritt und den eisernen Ladestock ein) und errang zahlreiche Siege (Kesselsdorf 1745). Luxus und auch der Kultur weitgehend abgeneigt, aber auch frei von Standesdünkel,

heiratete er 1698 eine Bürgerliche. Leopold förderte in seinem Fürstentum die Landwirtschaft, den Deichbau an Mulde und Elbe und schuf auch durch den Kauf ertragreicher Ländereien in Ostpreußen die wirtschaftlichen Voraussetzungen für das Reformwerk seines Enkels „Vater Franz". Sein Denkmal steht auf dem Schlossplatz.

## MOSES MENDELSSOHN

* 1729 in Dessau, † 1786 in Berlin

Philosoph, Schriftsteller

Der Sohn des Thoraschreibers und Kantors der jüdischen Gemeinde Mendel Heymann deutete als Erster seine Religion auf der Grundlage der Philosophie der Aufklärung (Leibnitz, Spinoza, Kant) und begriff die Toleranz als philosophisches Prinzip und praktische gesellschaftliche Notwendigkeit. Der mit Gotthold Ephraim Lessing (1729–1781) befreundete Mendelssohn diente diesem als Muster für seine Figur „Nathan der Weise". Mendelssohn ist Wegbereiter der jüdischen Emanzipation (Haskala) im 18. und 19. Jh. Sein Lebenswerk wird durch die Moses-Mendelssohn-Gesellschaft (S. 78) gepflegt und erforscht. Sein Denkmal befindet sich im Stadtpark. In der Nähe seines nicht erhaltenen Geburtshauses, am Kantorhaus der jüdischen Gemeinde, erinnert eine Gedenkplakette an ihn.

**KURT WEILL**

* 1900 in Dessau, † 1950 in New York
Komponist, Erneuerer des Musiktheaters

Weill, Sohn eines jüdischen Kantors und Religionslehrers, verbrachte seine Jugend in Dessau. Ab 1918 Studium der Musik in Berlin. Weill erarbeitete eine neue musikalische Sprache, die als „Songstil" in die Musikgeschichte eingegangen ist. Berühmt wurde er durch seine Zusammenarbeit mit Bertolt Brecht und die mit ihm gemeinsam erarbeiteten sozialkritischen Stücke

„Dreigroschenoper" (1928) und „Aufstieg und Fall der Stadt Mahagonny" (1930). Weltweit gefeiert, aber auch umstritten. Von 1933 bis 1935 im Exil in Paris, ab 1935 in New York, wo er am Broadway Erfolge feierte. Sein Denkmal steht, in Korrespondenz zu Brecht, auf dem Lidiceplatz, eine Gedenkplakette befindet sich am Kantorhaus. Das Kurt-Weill-Zentrum und die Kurt-Weill-Gesellschaft pflegen und erforschen sein Lebenswerk, u.a. durch alljährliche Festspiele (S. 71).

**JOHANN BERNHARD BASEDOW**

* 1724 in Hamburg, † 1790 in Magdeburg
Theologe, Pädagoge, Erziehungsreformer

Nach dem Theologiestudium verschiedene Lehrtätigkeiten. 1771 folgte er dem Ruf von Fürst Franz

nach Dessau. Hier gründete er 1774 das Philanthropin, die „Stätte der Menschenfreundlichkeit", wo Kinder im Geist der Aufklärung gebildet und erzogen wurden. Im Mittelpunkt standen dabei die Naturwissenschaften, moderne Fremdsprachen, körperliche Übungen und der Erwerb handwerklicher Fähigkeiten. Das Ziel hieß: Erziehung und Bildung von Menschen voll Tüchtigkeit und Brauchbarkeit für ein gemeinnütziges, glückliches Leben. Basedows Erziehungsprinzipien bedeuteten die radikale Absage an die Pauk- und Prügelschule seiner Zeit. In Dessau vollendete er das „Elementarwerk", die „Heilige Schrift" dieser reformpädagogischen Musterschule und aller ihr folgenden Bildungs- und Erziehungseinrichtungen in Europa. Sein Denkmal befindet sich auf dem Historischen Friedhof.

**HUGO JUNKERS**

*1859 Reydt, †1935 Gauting bei München

Ingenieur, Wissenschaftler, Erfinder und Unternehmer

Nach verschiedenen Studien kam der einer begüterten Familie entstammende Junkers 1888 nach Dessau. Hier war er zunächst als Konstrukteur von Gasgeräten und Motoren tätig. 1919 Gründung der Junkers-Flugzeugwerke AG. Bereits in diesem Jahr baute er das erste Ganzmetallverkehrsflugzeug der Welt mit freitragenden Flügeln. In Dessau entstanden zahlreiche Typen, darunter die weltbekannte Ju 52. 1928 erhielt Junkers die Dessauer Ehrenbürgerschaft. 1933 wurde er von den Nazis wegen pazifistischer Haltungen aus der Stadt und seinen Dessauer Werken verdrängt.

# ÜBERNACHTUNG

## RADISSON BLU HOTEL FÜRST LEOPOLD DESSAU****

€€€€€ Superior-Hotel in bester Stadtlage, wenige Minuten zum Hauptbahnhof. 204 Zimmer, die in ihrem Design den Grundsätzen des Bauhauses folgen. Restaurant „Fürst Leopold", Bistro, Bar, Sonnenterrasse.

Friedensplatz 1, 06844 Dessau-Roßlau
Tel.: (03 40) 2 51 50
info@hotel-dessau-city.de
www.hotel-dessau-city.de

## NH HOTEL DESSAU****

€€€ Innenstadtlage an der Fußgängerzone, 10 Minuten zum Hauptbahnhof. 152 Zimmer in Superior- oder Standardausführung, Restaurant mit regionaler und internationaler Küche, Bar, Dachterrasse, Sauna.

Zerbster Straße 29, 06844 Dessau-Roßlau
Tel.: (03 40) 2 51 40
nhdessau@nh-hotels.com
www.nh-hotels.com

## HOTEL PENSION AN DEN 7 SÄULEN***

€€€ Kleines Hotel in ruhiger Lage gegenüber den Bauhaus-Meisterhäusern. 21 modern ausgestattete Zimmer. Ayurveda-Wellness-Zentrum im Hotel.

Ebertallee 66 , 06846 Dessau-Roßlau
Tel: (03 40) 61 96 20
pension7saeulen@freenet.de
www.pension7Sauelen.de

## GESTÜT AM LUISIUM****

€€€ Das Gestüt am Elberadweg ist ideal für Wanderer und Radfahrer (2- und 4-Bett-Zimmer). Es besteht die Möglichkeit, eigene Pferde unterzustellen.

Am Luisium 17, 06844 Dessau-Roßlau
Tel.: (03 40) 2 20 37 47
www.gestuet-am-luisium.de

## GRAND CITY PARKHOTEL DESSAU***

€€€ Ruhige Lage am Stadtrand. 101 Zimmer, Restaurant, Sauna, Solarium.

Sonnenallee 4, 06842 Dessau-Roßlau
Tel.: (03 40) 2 10 00
info@grandcity-hotel-dessau.de
www.grandcity-hotel-dessau.de

## PENSION LANDHAUS DESSAU

€€ Einfache, aber schöne und sehr farbenfroh eingerichtete Zimmer am Stadtrand, direkt am Elbradweg.

Landhaus 1, 06844 Dessau-Roßlau
Tel.: (03 40) 2 10 64 61
landhaus@riwe.net
www.landhaus-dessau.de

## JUGENDHERBERGE DESSAU-ROSSLAU

€ Das Haus nahe der Meisterhäuser. verfügt über 151 Betten in 39 Zimmern.

Ebertallee 151, 06846 Dessau-Roßlau
Tel.: (03 40) 61 98 0
JH-Dessau@djh-sachsen-anhalt.de
www.jugendherberge.de/jh/dessau

Preisniveau: Doppelzimmer €€€€€ ab 100 € / €€€€ ab 80 € / €€€ ab 60 € / €€ ab 40 € / € unter 40 €

# GASTRONOMIE

## BRAUHAUS „ZUM ALTEN DESSAUER"

€€–€€€ Gemütliches Brauhaus mit angeschlossener Schaubrauerei und bodenständiger Küche. Brauereiführungen für Gruppen ab 4 Personen. Schattiger Gastgarten mit 250 Plätzen.
Lange Gasse 16, 06844 Dessau-Roßlau
Tel.: (03 40) 2 20 59 09
www.alter-dessauer.de

## LANDHAUS DESSAU

€–€€ Schönes Ausflugslokal am Elberadweg. Rustikale Gaststube mit offenem Kamin. Süddeutsche und mediterrane Küche, großzügiger Gastgarten. Im Sommer Grillabende.
Landhaus 1, 06844 Dessau-Roßlau
Tel.: (03 40) 2 10 64 61
www.landhaus-dessau.de

## RESTAURANT & CAFÉ IM LUISIUM

€–€€ Romantischer Charme in einem Gebäude der historischen Orangerie, im Sommer Terrasse mit Blick in den Park, innovative und kreative Küche.
Am Luisium 15
06844 Dessau-Roßlau
Tel.: (03 40) 2 16 41 58
www.gartenreich-gastronomie.de

## RESTAURANT PÄCHTERHAUS

€€€ Familiengeführtes Restaurant im ältesten Fachwerkhaus im Stadtteil Ziebigk. Mehrfach ausgezeichnete regionale und mediterrane Küche.
Kirchstraße 1, 06846 Dessau-Roßlau
Tel.: (03 40) 6 50 14 47
www.paechterhaus-dessau.de

## RESTAURANT IM KORNHAUS

Originalgetreues Bauhausinterieur und wunderbare Aussicht auf die Elbe und die umliegenden Gebiete. Direkt an der Elbe, mit großzügigen Terrassen, Kinderspielplatz. Gut geführtes Restaurant mit umfangreicher und abwechslungsreicher Speise- und Getränkekarte; 200-m$^2$-Saal mit verschiedenen Varianten für Bestuhlung (vgl. auch S. 74/75).
Kornhausstraße 146
06846 Dessau
Tel.: (03 40) 64 04 10
info@kornhaus.de • www.kornhaus.de

Hauptgericht ohne Getränke €€€ ab 15 € / €€ ab 10 € / € unter 10 €

# SOUVENIRS UND MITBRINGSEL

## BUCHLADEN IM BAUHAUS

Bücher, Plakate, Postkarten, Taschen zum Thema Bauhaus. Echt witzig: kleine Modelle von Designstühlen.

Gropiusallee 38
06846 Dessau
Tel.: (03 40) 6 50 84 30
bauhausbuchladen@web.de

## BAUART GALERIE

Bauhaus-Originale der 20er- und 30er Jahre, daneben zeitgenössische Kunst und Design sowie Möbelentwurf und -realisation, Rahmungen von Gemälden und Grafik.

Gropiusallee 81
06846 Dessau
Tel.: (03 40) 6 61 02 46
info@galerie-bauart.de
www.galerie-bauart.de

## GARTENREICHLÄDEN

In den GartenreichLäden findet der Besucher ein individuelles, auf die einzelnen Schlösser und Parks abgestimmtes Angebot, ob Publikationen, Plastiken und Reliefs oder einfach schöne Andenken an das Dessau-Wörlitzer Gartenreich. Tücher aus reiner Seide, feinste Wedgwood-Keramik, eine Sonderedition von Saale-Unstrut-Weinen.

GartenreichLaden im Küchengebäude

www.gartenreich.com

*Wörlitzer Park (Küchengebäude)*

**Okt., März–April tgl. 10–17 Uhr, Mai–Sept. tgl. 10–18 Uhr, Adventwochenenden 11–16 Uhr**

*Wörlitzer Park (Gartensaal des Gotischen Hauses), Schloss Luisium, Schloss Oranienbaum und Kavalierhaus des Schlosses Mosigkau*

**April, Okt. Di.–So., Feiertage 11–17 Uhr, Mai–Sept. Di.–So., Feiertage 10–18 Uhr**

## FINEARTEISENHART

Die Autorengalerie FINEartEISENHART befindet sich hinter den Türen des ehemaligen Bibliothekpavillons im Wörlitzer Park. Es gibt Holzobjekte und Möbel von Jürgen Ludwig, Keramiken von Fred Lange und Möbel und Grafiken von Wolf-Erik Widdel.

Coswiger Straße
06786 Wörlitz
Tel. (03 49 05) 2 12 60
www.kunst-in-woerlitz.de

**Fr., Sa., So. 11–18 Uhr**

# DAS GARTENREICH DESSAU-WÖRLITZ

Vor über 80 Jahren schrieb der Historiker van Kempen „Wörlitz ist keine lokale Größe, nicht einmal nur eine deutsche, es ist eine Weltangelegenheit." Die Aufnahme des Dessau-Wörlitzer Gartenreichs in die Welterbeliste der UNESCO trug diesen prophetischen Worten Rechnung.

Van Kempen und seine Zeitgenossen haben diese Anerkennung des Gartenreiches nicht mehr erlebt. In der preußischen Geschichtsschreibung blieben die Anlagen eine Randnotiz, sie wurden bis in die Mitte des 20. Jh. vernachlässigt. In der DDR begann man mit der Restaurierung. Nicht ohne Erfolg, doch gebremst durch die ökonomische Situation des Landes. Nach 1990 wurden erstaunliche Fortschritte gemacht. Das Gartenreich mit allen seinen Schlössern, Bauten und Parkanlagen ist heute in einem Zustand, der dem historischen sehr nahekommt.

▲ An der Roseninsel

1 Schloss **S. 114**
2 Kirche **S. 117**
3 Synagoge **S. 119**
6 Gotisches Haus **S. 125**
7 Monument **S. 127**
a Küchengebäude **S. 116**
b Ara (antiker Altar) **S. 117**
c Dietrichsvase **S. 119**
d Muschelsucherin **S. 119**
e Englischer Sitz **S. 119**
m Wachhaus zum Pferde **S. 123**
n Goldene Urne **S. 123**
o Warnungsaltar **S. 123**
p Nymphaeum **S. 125**
s Floratempel **S. 127**
t Schochs Grab **S. 129**
v Neumarks Garten **S. 129**
w Eisenhart **S. 131**

**Der Gesamtplan zu den Wörlitzer Anlagen befindet sich im hinteren Umschlag.**

# DIE WÖRLITZER ANLAGEN



Organisation der Vereinten Nationen für Bildung, Wissenschaft, Kultur und Kommunikation

Gartenreich Dessau-Wörlitz
Welterbestätte
seit 2000

★ TOP-TIPP

Die Absichten des großen Plans der „Landesverschönerung“, den Fürst Franz Schritt für Schritt verwirklichte, fanden ihren höchsten Ausdruck in Wörlitz. Heute ist oft nur vom Wörlitzer Park die Rede. Diese Bezeichnung aber trifft den Kern dieser genialen Schöpfung nicht. Richtiger ist es, von den Wörlitzer Anlagen zu sprechen. Dem „Aufklärungsfürsten“ ging es nicht nur um die Gestaltung eines schönen englischen Landschaftsgartens. Er dachte ganzheitlich. Sein Credo lautete: Zum Schönen gehört das Nützliche. Beides sollte eine Einheit bilden und alles mit allem in Beziehung stehen. Schlossbauten, künstliche Ruinen und Inseln, Grotten, Urnen, Hermen, Statuen, Tempel und Gedenkaltäre zwischen sorgsam ausgewählten und mit Bedacht gepflanzten Bäumen und Baumgruppen, Brücken über schmale Kanäle (es gibt 19 Brücken und jede ist ein Unikat) … nichts stand als singuläre Schönheit nur für sich allein, sondern war stets Teil des Ganzen, eines großen Bildungsprogramms. Wer die verschlungenen Wege betrat, wer hier „lustwandelte“, sollte, wie in einem Museum der Weltkultur, unterhalten, belehrt und auch beeindruckt werden. Steinbänke oder kunstvoll gearbeitete Sitze an den Wegen waren also nicht nur als Orte der Ruhe gedacht. Von ihnen aus leiteten Sichtachsen (sie sind in vielen Fällen heute zurückgewonnen) den Blick auch aus größeren Entfernungen zu den Kunstwerken und Kleinarchitekturen, zur Kirche und zum Schloss und ermöglichten so deren Betrachtung aus einer neuen Perspektive und aus gewissem „Abstand“ auch die nachdenkliche Beschäftigung mit ihnen. 1797 schrieb Carl August Boettinger (1760–1835), Schulrat in Weimar und ein bedeutender Archäologe: „… und bei jeder Bank kann man sich auf die Frage ‚Warum hier?‘ bei einigem Nachdenken oder Umschauen selbst eine befriedigende Antwort erteilen.“

Das Schöne mit dem Nützlichen verbinden, oder wie das Volk sagte: „Es muss putzen und nutzen“, hieß, nicht nur den pädagogisch-philanthropischen Auftrag zu erfüllen, sondern auch die ökonomischen Erfordernisse im Auge zu behalten. Zu Zeiten des „Vaters Franz“ war jeder Flecken Land genutzt. Auf den Wiesen im Park weideten Scha-

Das Piemonteser Bauernhaus am Großen Walloch

fe, wurden Rinder gehalten, Obstplantagen, auch die angrenzenden Felder und Gemüsegärten waren in die Landschaftsgestaltung einbezogen. Alles wurde nach den damals neuesten Erkenntnissen bewirtschaftet. Die Domäne am östlichen Stadtrand von Wörlitz, sie wurde ebenfalls nach Plänen von Erdmannsdorff errichtet, war das Zentrum eines großen vorbildlichen Landwirtschaftsbetriebes.

Das Schöne mit dem Nützlichen verbinden. Das galt auch umgekehrt. Die Wallhäuser erfüllten als Landmarken eine wichtige Funktion, sie beherbergten die Geräte zur Bekämpfung eines eventuellen Hochwassers. Zugleich waren sie architektonisch abwechslungsreich und anspruchsvoll gestaltet und boten Wanderern einen sicheren Unterstand. Die „Wanderer" kamen aus Dessau und dem Fürstentum, aus Deutschland, ja aus ganz Europa. Boettinger hat als einer der Ersten die soziale Bezogenheit des Gesamtkunstwerkes der Wörlitzer Anlagen gewürdigt und erkannt, dass es seinen Sinn erst von der Belebung durch Menschen erhält. Diese Anlagen standen allen offen, nichts grenzte sie gegen das Volk ab, kein Zaun und keine Mauer. Boettinger schildert einen Besuch in Wörlitz an einem Sommertag: „Man genoss doppelt, denn man genoss mit Hunderten."

Die ab 1764 errichteten Wörlitzer Anlagen umfassen in mehreren Gestaltungsabschnitten und in fünf

> „Für Gott erbauete er Kirchen, der Armuth Hütten, den Künsten und Wissenschaften würdige Tempel. Alles Schönen Freund und Kenner. Alles Guten Förderer. Seines Volkes Vater. Seines Landes zweiter Schöpfer. Dieses Gartens Gründer."
>
> Wilhelm Müller über Fürst Franz

Gärten gegliedert ein insgesamt 112 ha großes Gelände. Im Süden und Südwesten ist es von der kleinen Stadt Wörlitz begrenzt und im Norden vom Elbwall. An der Ostseite gehen die Anlagen allmählich in die Auen und Felder über. Zwischen diesen Begrenzungen liegt der langgestreckte, mehrarmige Wörlitzer See. Von ihm gehen Kanäle ab, die zu kleineren Seen (den sogenannten Wallöchern) führen, aber sie gliedern, wie die Baum- und Strauchgruppen zugleich das Gelände. Durch die Kanäle sind große Inseln – Neumarks Garten und Schochs Insel – entstanden, dazu kommen kleine, ebenfalls begrünte Inseln wie die Schwanen-, die Rousseau- und die Roseninsel, ebenso die Insel Stein, die vollständig überbaut ist. Die Wörlitzer Anlagen können also, und das macht einen erheblichen Teil ihres Reizes aus, nicht nur über Wege und Brücken schauend erwandert, sondern auch vom Wasser aus erkundet werden. Der Besucher, der einen ganzen Sommertag verweilen kann, wird alles sehen und erleben können. Wer nur Stunden zur Verfügung hat, kann sich an bestimmten Punkten mit Fähren zu den ausgewählten Zielen übersetzen lassen.

Die Wörlitzer Anlagen waren, wie Christoph Martin Wieland (1733–1813) schrieb, „die Zierde und der Inbegriff des 18. Jahrhunderts". Das gilt noch heute, wenn auch die eine oder die andere Sehenswürdigkeit im Laufe der Jahre dem Zahn der Zeit, Umbaumaßnahmen des 19. und 20. Jh. oder mutwilliger Zerstörungswut zum Opfer gefallen ist. Gegenwärtig umfasst die vollständige Route durch alle fünf Teile des großen Gartens noch immer mehr als 50 Stationen. Ihre ausführliche Beschreibung, die Erläuterung der Entstehung und Bedeutung all der Kunstwerke, Bauten und Kleinarchitekturen in ihren Beziehungen zur Kulturlandschaft füllte mehr als ein Buch.

www.gartenreich.com
www.woerlitz-information.de
Anreise: ab Dessau: B 185 über Oranienbaum, Buslinie 334, Dessau-Wörlitzer Eisenbahn vgl. S. 131

## RUNDGANG DURCH DIE WÖRLITZER ANLAGEN

Besucher, die von den Parkplätzen an der Coswiger Straße oder gegenüber dem Eisenhart kommen,

Schloss Wörlitz

gehen vor dem historischen ehemaligen Gasthaus Eichenkranz (in Rekonstruktion), dem „Stadttor nach Wörlitz", auf dem Hauptweg direkt zum Schloss.

## 1 SCHLOSS WÖRLITZ S. 110

Das inmitten des Schlossgartens von 1769 bis 1773 von Friedrich Wilhelm von Erdmannsdorff errichtete Schloss Wörlitz, der Sommersitz des Fürsten Franz, steht an der Stelle eines bescheidenen Jagdschlosses. Der neue Bau ist gleichfalls nicht prunkvoll, sondern eher das Landhaus eines kunstsinnigen englischen Grundbesitzers. Erdmannsdorff orientierte sich an englischen Vorbildern, aber auch an Werken des italienischen Baumeisters Andrea Palladio (1508–1580), der mit seinen Schriften und Bauten zum Wegbereiter des Klassizismus wurde. Palladio lehnte dekoratives Beiwerk ab. Die Proportionen, Größe, Strenge und Klarheit der Architektur sollten zum Ausdruck kommen. Erdmannsdorff, der die Werke der Meister der Spätrenaissance in Italien bewundert hatte, folgte ihm. Vier korinthische Säulen mit schlichtem Dreieckgiebel prägen das Erscheinungsbild des dreistöckigen Gebäudes mit dem (erst Jahre später) aufgesetzten Belvedere. Es gilt als frühestes klassizistisches Schloss auf dem europäischen Festland. Zum erhöhten Erdgeschoss des um einen

► Kabinett der Fürstin im Schloss Wörlitz

Innenhof gegliederten Hauses führt eine breite Freitreppe. Nicht von ungefähr stehen in den Nischen links und rechts des Eingangs die Statuen der Fortuna und der Ceres. Die Göttin des Glücks, des Zufalls wie des Gelingens und die Göttin der cultura (im klassischen Verständnis also die für das Gedeihen der Landwirtschaft, der Bäume und Sträucher und der Feldfrüchte zuständige Göttin) sollten mehr als nur das Haus beschützen. Im Schloss hat sich, selbstverständlich nach grundlegender Sanierung, fast die gesamte Ausstattung des 18. Jh. erhalten. So können in den Räumen die alten Interieurs besichtigt werden, auch kostbare Gemälde, Wedgwood-Keramiken, Porzellane, Fayencen, antike Skulpturen, Stukaturen und Deckenmalereien. Nicht erhalten ist die Schlossbibliothek, die 1778 mehr als 1.000 Bücher umfasste. Sie wurde 1931 verkauft. Auch von der Privatbibliothek der Fürstin Louise (4.000 Titel) haben nur 600 Bücher die Zeitläufte überstanden. Sie bilden heute einen Bestand der Anhaltischen Landesbibliothek.

**April und Okt. Di.–So., Feiertage 10–17 Uhr, Mai–Sept. Di.–So., Feiertage 10–18 Uhr (Besichtigung nur mit Führung, Dauer 1 h)**

In südöstlicher Richtung in unmittelbarer Nähe zum Schloss steht das (a) *dreiflügelige Küchengebäude.*

Abendliches Lichterspiel im Küchengebäude

Sein Haupttrakt zeigt zum Schlosspark, in einem Seitenflügel befindet sich heute eine Gaststätte, im anderen hat der *GartenreichLaden* (vgl. S. 108) seinen Sitz. Das Küchengebäude mit dem Sommerspeisesaal und mehreren Wohnungen und Gästezimmern war mit dem Schloss durch einen unterirdischen Gang verbunden. Heute bietet es u. a. Raum für Ausstellungen. Auch die Fassade dieses Gebäudes schmücken antike Statuen – es sind Apollon, der Sohn des Zeus (u. a. zuständig für Ordnung und Klarheit, Ackerbau und Viehzucht, aber auch Herr der Musen) und, wohl um der

Gestaltung die didaktische Spitze zu nehmen, ein Satyr, ein lüsternes Wesen aus dem Gefolge des Dionysos, des Gottes des Weins. In unmittelbarer Nähe befindet sich ein b *Ara*, ein runder Altar der Antike, in dem sich allerdings eine Wasserpumpe verbirgt. Er ist u. a. mit einem Relief der Luna, der römischen Göttin des Mondes, geschmückt.

## 2 KIRCHE ST. PETRI S. 110

Ein schmaler Weg durch eine dichte Koniferenpflanzung führt rechts vom Küchengebäude zum Kirchhof, um den sich ein neugotisches Bauensemble gruppiert. Im Zentrum steht die Kirche St. Petri, deren schlanker, 66 m hoher Turm schon aus großer Entfernung die Wörlitzer Anlagen ankündigt. St. Petri gilt seit seinem Umbau von 1805 bis 1810 als das Hauptwerk der Neugotik in Deutschland. Der Turm wird seit den 90er Jahren des 20. Jh. als *Bibelturm* bezeichnet. Er enthält in seinen drei Geschossen Räume für die Zusammenkünfte ökumenischer Gruppen aus mehreren christlichen Gemeinden und Einrichtungen des Raumes Wittenberg-Dessau. In den Bau des Gotteshauses wurden durch den fürstlichen Baumeister Georg Christoph Hesekiel Teile des Vorgängerbaus (13. Jh.) und der späteren Umbauten integriert. Hier hat Martin Luther 1532 (also noch vor der Einführung der Reformation in Anhalt-Dessau 1534) und noch einmal 1538 gepredigt.

www.kirche-woerlitz.de

Im reich mit neugotischen Verzierungen geschmückten *Grauen*

### DIE STADT WÖRLITZ

Bevor Fürst Franz ab 1764 vor den Toren von Wörlitz seine in der Folge weltberühmten Anlagen errichtete, trug das rund 1000 Jahre alte Städtchen durch seine landwirtschaftlichen und gewerblichen Produkte nicht unwesentlich zur Ökonomie des kleinen Fürstentums Anhalt-Dessau bei. Der Bau der Anlagen und der ständig wachsende Strom der Besucher aber hob es aus seiner etwas abgelegenen Lage an der Grenze zum Königreich Sachsen heraus. Zudem errichteten Erdmannsdorff und andere Baumeister des Fürsten auch in der Stadt mehrere Bauten. So die St. Petri Kirche und die Gebäude der Domäne. Ein Rundgang durch Wörlitz, das heute staatlich anerkannter Erholungsort ist, belegt das geistige und kulturelle Leben in der Stadt, die ihren sympathisch dörflichen Charakter bewahrt hat. Führungen durch die Wörlitz-Information (vgl. S. 169) geleiten Touristen zum alten Markt, durch die Fachwerkgassen, zum Jüdischen Friedhof, zur Synagoge und zu den Zeremonienhäusern des christlichen Friedhofs mit dem Grab des Dichters Friedrich Matthisson, des Sekretärs und Reisebegleiters der Fürstin Louise.

*Haus* wohnte die Fürstin Louise, die 17 Jahre lang die Besucherströme im für jedermann zugänglichen Schloss erduldet hatte. Der *Galeriebau* wurde erst 1804/05 als ebenfalls neugotischer Backsteinbau angefügt, er wird noch heute hin und wieder für Kunstausstellungen genutzt. Der *Sarkophag* aus Sandstein ist eine pietätvolle Reminiszenz an die aufgelassenen Gräber des Kirchhofes. Er wurde von 1785 bis 1787 nach Entwürfen von Erdmannsdorff errichtet. Aus diesem Jahr stammt auch der 4,50 m hohe neugotische *Brunnen*.
Vom Schloss und vom Schlossgarten führen mehrere Wege zum See. Ein rechts von der Freitreppe gelegener Pfad geht an der c *Dietrichsvase bzw. -urne* vorbei. Sie erinnert an den Onkel des Fürsten Franz, der für den Minderjährigen einst die Regierungsgeschäfte besorgte. Dicht am Ufer ruht die d *Muschelsucherin*, eine 1771 frei nach der antiken Knöchel(würfel)spielerin in der römischen Villa Borghese geschaffene Sandsteinfigur. Sie bildet, zusammen mit zwei großformatigen Vasen, vom jenseits des Sees liegenden Baumgarten und dem Gotischen Haus auf Schochs Insel einen wichtigen Bezugspunkt, der von mehreren Standorten aus gesehen werden kann.
Der Weg am Ufer führt unter alten Buchen in Richtung Schwanenteich.

◀ Stadtkirche St. Petri, Mittelschiff

Am Ende des kleinen Gewässers, das hier in den See mündet, steht der bereits 1765 (also noch vor dem Schloss) errichtete e *Englische Sitz*. Erdmannsdorff hat ihn nach dem Vorbild Palladios entworfen; es ist das erste Parkbauwerk des Klassizismus in Deutschland. Über kleine Hügel führt der Weg bis zur Amtsfähre, mit der man zum Weidenheger in den ab 1788 errichteten Neuen Anlagen übersetzen kann.

## 3 SYNAGOGE S. 110

Auf einer kleinen Anhöhe, direkt am Fährufer, steht die Synagoge, sie wird gelegentlich auch Vestatempel genannt, denn Erdmannsdorff errichtete sie nach dem Vorbild des Vestatempels in Rom (Baujahre 1789/90). „Vater Franz" schenkte den Tempel der jüdischen Gemeinde zu Wörlitz. Dieser Ausdruck von Toleranz und praktizierter Aufklärung (Lessing war, neben Winckelmann, der Lieblingsautor des Fürsten, und eine Synagoge in unmittelbarer Nähe des Schlosses für ihn kein Problem) fand die nachdrückliche Anerkennung der gebildeten Zeitgenossen. Wie durch ein Wunder hat der Bau die Jahre der NS-Diktatur unbeschadet überstanden. Heute bietet er unter dem Motto „Einblicke" eine Ausstellung zur jüdischen Geschichte in Anhalt.
**April und Okt. tgl. 10–17 Uhr, Mai–Sept. 10–18 Uhr**

## 4 INSEL STEIN

**Umschlag**

Wer einen ausgedehnten Spaziergang nicht scheut, sollte am Ufer bis zur Insel Stein am Ende des Sees gehen. Die teilweise aus ganzen, aber auch gespaltenen Findlingen aufgetürmte künstliche Insel (1788/94) mit ihren tiefen Grotten ist nach wie vor eine Attraktion. Sie war exponierter Teil des großen Bildungsprogramms und spiegelt in ihrer teilweise abenteuerlichen Vielfalt die Eindrücke, die der Fürst und Erdmannsdorff auf der gemeinsamen Italienreise, insbesondere im Raum Neapel, gewonnen hatten. Auf dem Stein erhebt sich die *Villa Hamilton*, eine verkleinerte Ausgabe der Villa Emma des englischen Gesandten, Natur- und Altertumsforschers Sir William Hamilton, in der das Freundespaar zu Gast war. Die Insel Stein enthält ein Amphitheater, antike Grabgewölbe, diverse Kammern, Kabinette und Gänge und auf den wenigen Freiflächen Pflanzungen, die an südliche Landschaften erinnern sollten. Im Zentrum steht der *Vulkan*, ein Nachbau des Vesuvs! Ausgangs des 18. Jh. und nach der Restaurierung 2005 zog und zieht er die Besucher an und erweckt mit seinen „Ausbrüchen" Staunen und Bewunderung. „Lava" strömt über seine Steine und entzündet Werg und allerlei Brennbares, sie fließt ins Wasser, es zischt und dampft, brodelt und grummelt … Selbst Goethe war von dieser vollendeten Illusion beeindruckt und hat sie in einer Zeichnung festgehalten. Zum

Die Insel Stein

Villa Hamilton auf dem Stein

sorgfältig terminierten Vulkanausbruch fahren in lauen Sommernächten Gondeln.

**April–Okt. Di.–So., Feiertage 10–17 Uhr, Mai–Sept. Sa., So., Feiertage 10–18 Uhr, Anmeldung für abendliche Gondelfahrten Mai–Sept.: Tel.: (03 49 05) 2 02 05**

Unmittelbar neben dem „Wunderfelsen" liegt die zu gleicher Zeit entstandene f *Grotte der Egeria*. Auch mit dieser Arbeit, Egeria ist eine viel verehrte römische Quellnymphe, verarbeitete Fürst Franz Eindrücke seiner Italienreise. Egeria, hier in ruhender Gestalt, war zugleich auch die Göttin der Fruchtbarkeit und der leichten Geburt. Reines Wasser, Fruchtbarkeit und leichtes Hervorbringen des Neuen, Lebendigen, das waren wünschenswerte Ziele, aber ohne Rückhalt bei den Göttern wohl schwerlich zu erreichen.

Nördlich der Insel Stein mündet der Georgenkanal. Er teilt die Neuen Anlagen. In diesem östlichsten Abschnitt des Parks stand die landwirtschaftliche Nutzung im Vordergrund, auch heute werden die Flächen als Felder und Weideland genutzt. Der Weg geht rechts am Kanal entlang und an der g *Eisernen Brücke* ans andere Ufer. Die 1791 hergestellte Verbindung entspricht einem großen Vorbild, der 1779 im englischen Industriezentrum Coalbrookdale gebauten ersten Gusseisenbrücke der Welt. Der Sonnenkanal, der die Neuen Anlagen vom Weidenheger unterhalb des Elbwalls trennt, kann auf der h *Sonnenbrücke* überquert werden. Bei Sonnenschein ergibt sie gemeinsam mit ihrem Aufbau einen geschlossenen Strahlenkranz, zur Erinnerung an den Sonnenkult der Inkas. Der Weg zum Elbwall führt an der i *Insel der Totenerinnerung* im Großen Walloch vorbei. Sie kann, wie die *Amalieninsel* am anderen Ende des Wassers, nur mit einer Gondel erreicht werden. Auf der Toteninsel (auch Herderinsel genannt) befindet sich ein Cippus (antike Grabbekrönung) versehen mit Worten Johann Gottfried Herders: „Sterbliche sind wir und sterblich all unsere Wünsche. Leid und Freude, sie gehen oder wir gehen vorbei. Spiel ist unser Leben und Schauspiel. Murrender, lerne spielen oder du trägst Schmerzen und Schaden davon ..." Die Toteninsel, wie auch die 1793 erbaute, von Hermen gekrönte j *Amaliengrotte* auf der gleichnamigen Insel und das gesamte Große Walloch waren jahrzehntelang verschilft und versumpft, sie wurden aber 1993 vollständig rekultiviert.

## 5 PANTHEON

Umschlag

Bedeutendstes Bauwerk am Großen Walloch ist das 1795–1797 von Erdmannsdorff auf dem Elbwall errichtete dreigeschossige Pantheon, das mit seinem Untergeschoss direkt in den Wall eingelassen ist. Pantheon-Nachbauten gibt es in ganz Europa. Vorbild war immer der allen Göttern geweihte Tempel in Rom. Auch Erdmannsdorff bezieht sich wahrscheinlich auf dieses Bauwerk. Er schuf einen Rundbau mit Vorbau, dessen Dreiecksgiebel von vier Säulen getragen wird. Die Inschrift „Den Freunden der Natur und Kunst gewidmet" verrät die Bestimmung des Bauwerks. Hier war die Antikensammlung des Fürsten untergebracht.

**Die Großplastiken des Apoll mit seinen Musen können von März bis September durch eine Glaswand betrachtet werden, Sonderführungen mit Voranmeldung: Tel.: (03 40) 64 61 50**

Vom Pantheon öffnet sich ein Sichtenfächer auf andere Architekturen

Blick zum Pantheon

der Anlagen. Östlich in Richtung Rotes Wallwachhaus und zum Italienischen Bauernhaus, südwestlich u. a. zur Synagoge und zum Schloss, westlich zum Monument und zum Venustempel. Nördlich geht der Blick über die Wiesen und Priele bis zu den Auenwäldern an der Elbe, einem besonders artenreichen Abschnitt des Biosphärenreservates Mittelelbe (vgl. S. 160–161).

Das k *Rote Wallwachhaus*, der östlichste Punkt der Anlagen, kann vom Pantheon in wenigen Minuten erreicht werden. Es wurde 1772 von Erdmannsdorff errichtet. Hier hatte 1770 ein Hochwasser den Deich durchbrochen und schwere Verwüstungen angerichtet. Auch das „Jahrhunderthochwasser" von 2002, das erhebliche Teile der Anlagen überflutete, ist aus dieser Richtung vorgedrungen. Das Haus wurde 2005/06 saniert und bietet nun eine komfortable Ferienwohnung (vgl. S. 162, Ringhotel Zum Stein).

Vom Pantheon kann man auf dem Wall bis zum Coswiger Durchstich wandern. Es empfiehlt sich jedoch, den Weg unterhalb des Walls zu wählen. Auf halber Strecke in Richtung Schochs Garten begegnet man hier dem l *Dornauszieher*, der 1782 aufgestellten Kopie einer antiken Plastik. Kurz dahinter liegt das 1769 von Erdmannsdorff errichtete m *Wachhaus zum Pferde*, einer der architektonisch abwechslungs-

Die Goldene Urne

reichsten Bauten der Anlagen, und wie andere diente er beidem: dem Schönen und dem Nützlichen. Von der n *Goldenen Urne* am Agneskanal, sie ist das Grabmal der ersten Tochter des Fürstenpaares, öffnen sich neue schmale Sichtachsen, die den gelebten Philanthropismus des Fürsten belegen. Eine Sicht fasst Kirche und Synagoge am anderen Ufer des Sees in einem Blick zusammen.

Auf Schochs Insel, benannt nach dem Hofgärtner Johann Leopold Schoch d. Ä., steht der runde o *Warnungsaltar*, das erste Denkmal für den Naturschutz in Deutschland. Im Schriftband über den mit Apollo und Diana wandelnden neun Musen stehen die in Stein geschlagenen Worte: „Wanderer

**BÄUME, STRÄUCHER, BLUMEN, GRÄSER …**

Bereits im Jahr 1798 – noch bevor der „Englische Garten zu Wörlitz“ vollendet war – wurde ein Verzeichnis des Hofgärtners Johann Gottlieb Schoch (1758–1826) veröffentlicht. Es enthielt alle Gewächse, die in den Anlagen zu sehen waren. Schoch registrierte allein 462 Arten an Bäumen und Sträuchern! Fast alle finden sich noch heute in den Neuen Anlagen, in Schochs Garten, in Neumarks Garten, auch in den Partien zwischen dem Schloss und der Insel Stein. Auffällig sind besonders die oft jahrhundertealten Buchen, Eichen und Kastanien in vielen, oft seltenen Varietäten, die Platanen, Ulmen, Pappeln, Erlen und Sumpfzypressen, die Ginko- und Lebensbäume, die Weiden und Tannen, im Mai blühen die Heckenkirschen, im Juni zieht der Duft des Jasmins über die Wiesen, über die Kanäle und Seen …

*Fachführungen zur Dendrologie*: Kulturstiftung DessauWörlitz,
Tel.: (03 40) 6 46 15 41 • 6 46 15 44

achte Natur und Kunst und schone ihrer Werke.“

Dicht am Ufer des großen Sees wurde bereits 1767/68 das P *Nymphaeum* errichtet. Auch an diesem den Wassernymphen gewidmeten Gartensitz ist die Handschrift Erdmannsdorffs deutlich zu erkennen: Ein Halbgewölbe hinter zwei ionischen Säulen und kräftigen Pilastern an den Ecken bietet einen Ausblick über das Wasser, u. a. zur Muschelsucherin, dem Schloss und der Kirche. Goethe hat hier bei seinem ersten Besuch in Wörlitz gesessen. Daran erinnert eine Inschrift, die aus einem Brief des Dichters vom 14. Mai 1778 an Charlotte von Stein zitiert: „Hier ist es jetzt unendlich schön. Mich hat's gestern Abend, als wir durch die Seen, Kanäle und Wäldchen schlichen, sehr gerührt, wie die Götter dem Fürsten erlaubt haben, einen Traum herum um sich zu schaffen …“ Das Nymphaeum mit seinem Aussichtsplatz auf dem Dach war auch Lieblingsort des Dichters Friedrich Matthisson (1661–1831), der als Vorleser und Reisebegleiter der Fürstin wie kaum ein anderer mit dem Gartenreich verbunden war. Am Hügel hinter dem Nymphaeum steht die Figur eines Bergmannes (Holz, 1780) als Sinnbild und Erinnerung, dass zum menschlichen Leben auch schwere körperliche Arbeit gehört.

◀ Das Kriegerische Kabinett im Gotischen Haus

## 6 GOTISCHES HAUS S. 110

Wichtigstes Bauwerk auf der Insel, die der Wolfskanal von Schochs Garten trennt, ist das Gotische Haus. Es wurde nach Vorstellungen des Fürsten, Entwürfen des Baudirektors Hesekiel und Anregungen von Erdmannsdorff in mehreren Bauphasen, aber doch fast ganz im neugotischen Stil zwischen 1773 und 1813 errichtet. Prägend sind mehrere Vorbilder: so das Schloss Strawberry Hill des Engländers Horace Walpole; die Kanalfront erinnert an die Kirche Madonna dell´Orto (Maria im Garten) in Venedig, die Gartenfront entspricht dem Stil der englischen Tudorgotik. Von Erdmannsdorff stammt der nordwestliche niedrige Turm, gestaltet nach einem Erker am Rathaus von Breslau. Das Gotische Haus war die Wohnung des Hofgärtners Schoch. Vor allem war es seit etwa 1782 das sehr persönliche Refugium des Fürsten. Hier lebte er monatelang zusammen mit Leopoldine Luise, der Tochter des Hofgärtners. Sie war ihm zur linken Hand angetraut, mit ihr hatte er drei Kinder. Mutter und Kinder wurden später geadelt und nannten sich von Beringer.

Das Gotische Haus birgt noch heute einen Teil der Kunstsammlungen des Fürsten, insbesondere Gemälde niederländischer, französischer und deutscher Künstler des 16. bis 18. Jh., bemerkenswert sind besonders die Schweizer Glasmalereien des 15. und 17. Jh. in den hohen Fenstern.

**April, Okt. Sa., So., Feiertage 10–17 Uhr, Mai–Sept. Di.–So., Feiertage 10–18 Uhr, Besichtigung nur mit Führung (Dauer 1 h)**

Wer weiterwandern möchte, muss sich nach Norden wenden. Hinter dem Kleinen Walloch, aber bereits durch eine Sichtachse vom Gotischen Haus aus erkennbar, liegt der

## NATÜRLICHER DENKMALSCHUTZ

In vielen Städten und Parkanlagen Deutschlands werden frei fliegende Tauben bekämpft, denn ihr säurehaltiger Kot verursacht Schäden an Bauten und Denkmalen, Krankheitskeime werden verbreitet ... In den Wörlitzer Anlagen setzt man mit großem Erfolg auf eine natürliche Methode. Am Rande des Parks liegt eine Falknerei (F). Die schnellen abgerichteten Raubvögel werden gut gefüttert, schlagen also keine Beute. Sie fliegen mit heiseren Rufen über die Seen und Wiesen, durch die Baumgruppen im Park. Ihre Anwesenheit genügt. Die Tauben meiden die Wörlitzer Anlagen. Für sie ist das kein Problem. Sie finden reichlich Lebensraum im Biosphärenreservat Mittellelbe.

Falknerei „Wörlitzer Park“, Am herzoglichen Forsthof, Coswiger Straße
Tel.: (01 77) 6 20 21 40 • www.falknerei-woerlitzer-park.de

**1. April–2. Nov. tgl. 16–17 Uhr Flugschau mit Geiern, Adlern, Bussarden und Falken, in den Schulferien zusätzlich 11 Uhr**

Venusstatue im Venustempel

1794 von Erdmannsdorff geschaffene (q) *Venustempel*. Seine Kuppel wird von zehn dorischen Säulen getragen. In der offenen Rotunde steht die Kopie einer Venus von Medici. Unter diesem Tempel der Göttin der Liebe befinden sich Grotten, die dem Volcanus, dem römischen Gott des Feuers, Aiolus bzw. Aeolus, dem Beherrscher der Winde, und Neptun, dem Gott des Meeres, gewidmet sind. Sie vereinen die Elemente Feuer, Luft und Wasser. Die (r) *Luisenklippe* in unmittelbarer Nähe steht wie der Venustempel auf einem Hügel aus Findlingen. Das Bauwerk soll die Schwierigkeiten beim Ersteigen hoher Berge, das Erreichen hoher Gipfel symbolisieren. Der Name bezieht sich auf eine mecklenburgische Prinzessin, die das Bauwerk als Erste bestiegen haben soll.

## 7 MONUMENT S. 110

Von der Luisenklippe wie vom Tempel aus ist das Monument am schmalen Ende des Kleinen Walloches gut zu sehen. Fürst Franz hat es zwischen 1801 und 1805 errichten lassen und seinen Vorfahren gewidmet. Im mit einer antiken Granitsäule gekrönten Rundbau aus Felsbrocken befinden sich Reliefbilder der Fürsten, die bis zum Ende der Monarchie Anhalt-Dessau regiert haben.

**Die Ausstattung des durch eine Glaswand gesicherten Innenraumes kann von März bis September betrachtet werden, Sonderführungen mit Voranmeldung: Tel.: (03 40) 64 61 50**

Von der Luisenklippe sind es nur wenige hundert Meter bis zum Coswiger Durchstich des Elbwalls und der Fahrstraße zurück zu den Parkplätzen vor Wörlitz. Schöner, besonders zwischen Mai und Oktober, ist der Weg südwärts durch Schochs Garten. Er führt durch den Floragarten mit dem (s) *Floratempel*. Auch heute ist dies ein Reich der Göttin der Blumen. Es gibt ein „Blumentheater", auf dessen aufsteigenden Rängen in der warmen Jahreszeit Blütenstauden in wertvollen Vasen leuchten. Über allem steht der Tempel, ebenfalls ein Werk von Erdmannsdorff (1797/98). Aus seinem Portikus hat

man den besten Blick auf den Garten und hinüber zum Gotischen Haus.

Wer das Gotische Haus links umrundet, kommt an (t) *Schochs Grab* vorbei, das der Fürst in dankbarer Erinnerung an seinen Hofgärtner errichten ließ. Längs der Kanalfront des Hauses führt der Weg zur Wolfsbrücke. Wie man auch geht: Immer öffnen sich bei jeder Biegung neue Gartenbilder und Sichten über den See. Hinter der Wolfsbrücke (erbaut 1811) geht man im Winter am Seeufer entlang bis zu den Parkplätzen. Die mit wenigen Pappeln bepflanzte (u) *Rousseauinsel* ist von der Straße aus gut zu überschauen. In ihrem Zentrum steht auf einem Postament eine Urne – die symbolische Verneigung des Fürsten von Anhalt-Dessau vor dem „Fürsten der Aufklärung", Jean Jacques Rousseau. Erdmannsdorff hat das Werk nach dem Vorbild des Rousseau-Denkmals im Park von Ermenonville bei Paris geschaffen.

Bei Fährbetrieb empfiehlt sich das Übersetzen vom Wolfsufer zur kleinen Roseninsel und nach erneuter kurzer Überfahrt der Gang durch (v) *Neumarks Garten*. Er trägt seinen Namen nach dem ersten Gärtner dieser Anlage, Johann Christian Neumark (1741–1811). Auf dieser Insel gibt es ein *Labyrinth* (1783/84). Es folgt nicht dem bekannten barocken Muster, sondern aufgeklärten,

◀ Der Floratempel

Blick zur Rousseauinsel

freimaurerischen Gedanken. Nicht von ungefähr stehen am Eingang Büsten von Johann Kaspar Lavater und Christian Fürchtegott Gellert, die Fürst Franz freundschaftlich verbunden waren. Das Labyrinth ist eine Allegorie auf das menschliche Leben. Wie in diesem führt der gerade Weg selten zum Ziel, aber vielleicht der mäßig verschlungene, wenig erfolgversprechende, nichts läuft im Kreis, nichts ist beliebig wiederholbar. Auf diese Intentionen weisen Inschriften hin, z. B. „WAEHLE WANDERER DEINEN WEG MIT VERNUNFT": Wer den Weg gefunden hat, kommt zum *Elysium*. Das ist ein kleiner, ruhiger, friedvoller Platz, gesäumt von Blumen und schönen Sträuchern vor Magnolien,

## UNTERWEGS IN DEN WÖRLITZER ANLAGEN

### DESSAU-WÖRLITZER-EISENBAHN

Tel.: (03 40) 2 20 96 97
Aktueller Fahrplan unter: www.dwe-web.info
Abfahrt ab Dessau-Roßlau Hauptbahnhof

### GONDELRUNDFAHRTEN AUF DEN WÖRLITZER SEEN UND KANÄLEN

Tel.: (03 49 05) 2 02 05 • 5 00 • www.gartenreich.com
**April–Okt. tgl. 11–16 Uhr, Mai–Sept. tgl. 10–18 Uhr, Dauer 45 Min.**
Sonderfahrten bei Konzerten auf dem See. Besondere Gondelfahrten (Abendfahrten, z. T. mit Bewirtung und Musik)

### FÄHRZEITEN

Amtsfähre: **März und 1.–27. Nov. Sa., So. 12–17 Uhr, April, Okt. tgl. 11–17 Uhr, Mai–Sept. tgl. 10–18.30 Uhr**
Roseninselfähre: **April–Okt. tgl. 11–17 Uhr, Mai–Sept. tgl. 10–18 Uhr**
Teelaubenfähre: **Mai–Sept. tgl. 10–18 Uhr**

In den Wörlitzer Anlagen sind Rollstuhlfahrer willkommen. Ausführliche Informationen mit Lageplänen können im Internet (www.gartenreich.com) heruntergeladen werden. Sonderführungen in den Wörlitzer Anlagen und allen Schlössern und Parkanlagen des Gartenreichs. Termine unter www.gartenreich.com und www.woerlitz-information.de.

Trompeten- und Tulpenbäumen. Neumarks Garten kann in östlicher Richtung mit der Teelaubenfähre verlassen werden. Sie führt zum Schlosspark und zur Gondelstation. Südlich kommt man über den Eisenhart zum Ausgangspunkt des Rundgangs. Der W *Eisenhart*, eine langgestreckte Bastion, war ursprünglich der Haupteingang zum Garten. Sein Name bezieht sich auf das Baumaterial: Raseneisenstein. Auf dem Plateau hat Erdmannsdorff von 1781 bis 1784 zwei kleinere Gebäude errichtet. Im *Südseepavillon* brachte der Fürst die Exponate unter, die er von dem berühmten Weltreisenden Georg Forster (1754–1794) geschenkt bekommen hatte. Er stand wie der *Bibliothekspavillon* allen Besuchern des Gartens zur Besichtigung und Belehrung offen (vgl. S. 112). Beide waren Teil des großen Bildungs- und Erziehungsprogramms, des Versuches, im Gartenreich Kunst und Natur zu vereinen und die erklärbare wie die noch nicht erforschte Welt in anschaulichen Bildern und Symbolen vor Verstand und Gefühl zu stellen.

◄ Amtsfähre an der Synagoge

1 Schloss **S. 135**
2 Stadtkirche **S. 136**
a Marktplatz **S. 135**
b Orangerie **S. 135**
c Englisch-Chinesischer Garten **S. 135**

# STADT, SCHLOSS UND PARK ORANIENBAUM

Organisation der Vereinten Nationen für Bildung, Wissenschaft, Kultur und Kommunikation

Gartenreich Dessau-Wörlitz
Welterbestätte
seit 2000

**★ ENTDECKER-TIPP**

Noch in der Mitte des 17. Jh. lag an der Stelle des heutigen Oranienbaum das schon um 1500 verlassene Dorf Nischwitz. Dann aber begannen sich die Fürsten von Anhalt-Dessau für das brache Land zu interessieren. Nach ersten Bemühungen um Neuansiedlung nahm es Henriette Catharina von Oranien-Nassau (1637–1708) 1659, im ersten Jahr ihrer Ehe mit dem Fürsten Johann Georg II. von Anhalt-Dessau, in Besitz. Die Holländerin, die eine Hochzeit mit dem englischen König ausgeschlagen hatte (!), ging tatkräftig ans Werk. Sie ist die Gründerin von Oranienbaum, sie ließ die Stadt, später auch die Kirchen und das Schloss errichten und den 28 ha großen Park anlegen. Alles im Stil des holländischen Barock und nach einem einheitlichen Plan vom Reißbrett.

Ausgeführt hat ihn ihr Landsmann Cornelis Ryckwaert: Fast gleich hohe Häuser, ein regelmäßiges,

Der Ledertapetensaal im Schloss

rechtwinkeliges Netz von Straßen, deren Hauptachse vom zentral gelegenen quadratischem a *Marktplatz* auf das Schloss zuläuft. Auf dem Marktplatz stand und steht noch heute in einer kunstvoll gestalteten Sandsteinvase der geschmiedete Orangenbaum mit den vergoldeten Früchten – das Symbol des Hauses Oranien. Die Orangenzucht ist wiederbelebt worden und ebenso die Produktion von Orangen-Bitter-Likör. Es heißt, er wird aus den Blüten und Früchten der Bäumchen in der b *Orangerie* hergestellt. Die wurde 1812 an der Südseite des Parks von Carlo Ignazio Pozzi im klassizistischen Stil erbaut und ist mit einer Länge von 175 m eine der größten ihrer Art in Europa!

## 1 SCHLOSS ORANIENBAUM S. 132

Der Grundstein für das Schloss wurde 1683 gelegt. Da war der Bau der Stadt schon fortgeschritten. Sie hieß seit 1673 Oranienbaum. Henriette Catharina nutzte ihr Schloss zunächst als Sommerresidenz. Nach dem Tod ihres Gemahls (1693) übernahm sie für fünf Jahre die Regentschaft für ihren minderjährigen Sohn Leopold. Da ihr Auszug aus dem Schloss in Dessau also schon datiert war, ließ sie noch einmal um- und

◄ Gartenseite von Schloss Oranienbaum und Delphinbrunnen

Das Orangenbäumchen auf dem Markt

ausbauen. Oranienbaum sollte ihr Witwensitz werden, und so hat sie das Schloss ab 1698 auch genutzt. „Vater Franz", der Urenkel Henriette Catharinas, nutzte die kleine Residenz noch gelegentlich, doch er begann zwischen 1767 und 1785 den Park und Räume des Schlosses nach seinem Geschmack umzugestalten und seinem großen Plan vom Gartenreich anzupassen. Aus dem barocken Inselgarten dicht am Schloss wurde ein c *Englisch-Chinesischer Garten* mit Wasserläufen, kleinen Brücken, sich schlängelnden Wegen und einem *Teehaus*. An seinem Rand steht eine hohe *Pagode*. Auch sie ist restauriert und als Aussichtsturm begehbar. Der Garten spiegelte das starke Interesse des Hofes an exotischen Luxusgütern, an chine-

Stadtkirche Oranienbaum

sischen Porzellanen, Lackarbeiten und Seide; die „Chinamode" war über ganz Europa verbreitet. Heute ist ein Englisch-chinesischer Garten in dieser Geschlossenheit nur noch selten in Mitteleuropa anzutreffen. Das Schloss wurde lange zweckentfremdet und war mehr als 60 Jahre öffentlich nicht zugänglich. In ihm waren bis 2002 Bestände des Landesarchivs Sachsen-Anhalt untergebracht. 2003 begannen unter der Leitung der Kulturstiftung DessauWörlitz umfangreiche Restaurierungsarbeiten. Seit 2007 steht der nördliche Flügel mit dem berühmten, mit holländischen Goldledertapeten und Delfter Fayencen ausgestatteten Saal den Besuchern wieder offen, und im Souterrain (Sommerspeisesaal) können die niederländischen Fliesengemälde des 17. Jh. bewundert werden. Über die Baugeschichte des Schlosses und den Fortgang der Arbeiten informiert eine kleine Ausstellung im Erdgeschoss.

Tel.: (03 49 04) 2 02 59

Anreise: ab Dessau-Roßlau: mit dem Auto B 185, Buslinie: 331, die Dessau-Wörlitzer Eisenbahn fährt über Oranienbaum, vgl. S. 131

*Park- und Schlossführungen über die Kulturstiftung DessauWörlitz*

Stadtführungen über Stadtinformation & Tourismusagentur

Schlossstraße 17, 06785 Oranienbaum

Tel.: (03 49 04) 2 25 20

stadtinfo@oranienbaum.de

www.oranienbaum.de

www.gartenreich.com

**April und Okt. Di.–So., Feiertage 10–17 Uhr, Mai–Sept. Di.–So. 10–18 Uhr, Pagode: Mai–Sept. So. 14–18 Uhr, Schlossbesichtigung mit Gartenrundgang (Dauer 2–2,5 h), der Park ist das ganze Jahr frei zugänglich**

## 2 STADTKIRCHE S. 132

Ein Rundgang durch das historische Zentrum lohnt durchaus, insbesondere der Besuch der 1712 geweihten großen Stadtkirche ein Zentralbau mit elliptischem Grundriss, dessen Emporen von mächtigen Eichenholzsäulen getragen werden.

www.oranienbaum.de

**Sa., So., Feiertage 14–17 Uhr**

# SIEGLITZER PARK



Der um 1775 von Fürst Franz auf halbem Weg zwischen Dessau und dem damaligen Fischerdorf Vockerode angelegte Park hat eine schwere Zeit erlebt. Ursprünglich war er ein Waldpark, der auf den Besucher den Eindruck einer geordneten Wildnis machen sollte. In dem 25 ha großen, eingezäunten Areal auf einer von Hochwasser nicht bedrohten Fläche, dem Sieglitzer Berg, ging die Hofgesellschaft auf die Jagd, aber zwischen den Wildgattern und dem Schutzwall an der Elbe fanden sich auch kunstvoll gestaltete und mit Kunstwerken und Bauten ausgestattete Partien. Erdmannsdorff hatte 1777 auf dem Wall einen klassizistischen Tempel errichtet, die Solitüde, ein kleines Schloss, das der Fürst für geheime diplomatische Beratungen und auch für seine intimen Badekuren nutzte. Das warme Wasser für die Kuren kam über ein System von Röhren aus dem nahen Küchengebäude. Von diesem Bau gingen Sichtbeziehungen zu mehreren Denkmalen im Park, in dem auch Feste der Hofgesellschaft stattfanden.

Der bei den Dessauern in den ersten drei Jahrzehnten des 20. Jh. als Ausflugsziel beliebte Park verfiel nach 1945, er wurde Manövergelände der Sowjetarmee und der Nationalen Volksarmee der DDR. Denkmale wurden zerstört, Wege

Ruine der Solitüde im Sieglitzer Park

zerwühlt, die Solitüde hat man, wie alle anderen Bauten zerstört ...
Nach 1990 konnte der Park in einem mehrjährigen Einsatz schon in einigen Partien restauriert werden. Die Wege sind wieder begehbar, Bänke laden zum Verweilen, eine Statue der Diana, der Göttin der Jagd, verweist auf die ursprüngliche Nutzung des Parks. Andere Denkmale werden, wie die schon wiedererrichteten Tore – das Dessauer, das Klassische und das Vockeroder Tor – in den kommenden Jahren restauriert.

Anreise: von Dessau-Roßlau (OT Waldersee) oder von Vockerode auf dem Fürst-Franz-Radwanderweg, direkt unterhalb des Elbwalls; von Vockerode: mit dem Auto über Oranienbaum, Wörlitz, Buslinie 334

**Ganzjährig frei zugänglich**

## ABSTECHER
## DIE EVANGELISCHE KIRCHE VOCKERODE

Die neugotische Backsteinkirche dominiert mit ihrem hohen Turmpaar nicht nur das Dorf, sie ist von vielen Punkten des Gartenreiches aus zu sehen. Das Gotteshaus zählt zu den schönsten Sakralbauten des Fürsten Franz, der es 1810 auf eigene Kosten errichten ließ. Baumeister Georg Christoph Hesekiel (1732–1818) hat ein rein neogotisches Gebäude geschaffen, das konsequent den schmalen Spitzbogen aufweist, von den Türen, über die Fenster bis zu den Schalllöchern der Türme. Die Stilreinheit setzt sich im Inneren fort: mit der Spitzbogenarkatur der Emporen und der hohen Spitztonne, die mit weißen Spitzrippen strukturiert ist.

Tel.: (03 49 05) 2 08 95

**Besichtigung nach Absprache**

**EXTRATIPP:** Zwischen Vockerode und Oranienbaum verkehrt von April bis Oktober eine Fahrraddraisine; es ist die erste in Sachsen-Anhalt, die Nachfrage groß und eine Anmeldung auf jeden Fall erforderlich.

Ferropolis Bergbau- und Erlebnisbahn e.V.
Tel.: (03 49 53) 2 58 91
info@fbe-bahn.de
www.fbe-bahn.de

## ABSTECHER
## BESUCH AM DREHBERG

Dicht an der Straße zwischen Vockerode und Griesen vor Wörlitz liegt eine Anlage, die weitgehend in Vergessenheit geraten ist. Ab 1773 ließ Fürst Franz hier auf freiem Feld eine Sport- und Festanlage errichten, die in wesentlichen Teilen noch erhalten ist. Zugrunde lag der Gedanke der Körperertüchtigung und der Neubelebung der olympischen Idee. Dazu wurden links und rechts eines Wettkampfringes Wälle und im Zentrum ein Hügel – der Drehberg – aufgeschüttet. Auf dem Hügel stand ein kleiner Rundbau mit Kuppel. Ur-

Vom Drehberg schaute Fürst Franz einst mit seinen Gästen den „Olympioniken" beim Wettkampf zu

sprünglich wollte Fürst Franz in ihm einmal begraben werden. Das wurde nicht verwirklicht und der Rundbau schon 1826 abgerissen. Erhalten blieb der Sockel auf dem Drehberg. Er kann über wenige Stufen bestiegen werden. Von oben ist die Gesamtanlage klar zu erkennen, denn die einst mit Obstbäumen bepflanzten Wälle und die Wettkampfbahn sind bis auf wenige Durchbrüche gut erhalten. Hier haben einmal richtige Volksfeste – „Nationalspiele" – stattgefunden. Alljährlich am 24. September, dem Geburtstag der Fürstin Louise, trafen sich hier tausende zu festlichem Essen, Tänzen und Pferderennen, zu Wettläufen der Schüler des Philanthropin, der Burschen und sogar der Mädchen aus den umliegenden Dörfern. Goethe hat 1782 gemeinsam mit Herzog Carl August und dem ganzen Hofstaat von Sachsen-Weimar-Eisenach an einem solchen Fest teilgenommen.

Die Obstgehölze stehen nicht mehr auf den Wällen, sie sind Eichen und anderen Bäumen gewichen. Die Drehbergfeste aber werden jetzt in jedem Sommer wiederbelebt. Mit wachsendem Erfolg, denn seit 1989 pflegen der Lehrkörper und die Schüler des Gymnasiums Philanthropinum in Dessau auch diesen sportlich-fröhlichen Teil des überkommenen Erbes.

www.philan.de

Am Drehberg befinden sich Rast- und Picknickplätze mit Sitzgelegenheiten.

**Ganzjährig frei zugänglich**

1 Schloss **S. 142**
a Weiße Brücke **S. 144**
b Orangerie **S. 144**
c Wirtschaftshof **S. 144**
d Schlangenhaus **S. 144**
e Pegasusbrunnen **S. 144**
f Sandsteinhermen **S. 144**
g Faunenbrunnen **S. 144**
h Gestüt **S. 145**

# SCHLOSS UND GARTEN LUISIUM



Organisation der Vereinten Nationen für Bildung, Wissenschaft, Kultur und Kommunikation

**Gartenreich Dessau-Wörlitz**
Welterbestätte
seit 2000

★ TOP-TIPP

Unter den Schlössern des Gartenreiches ist das Luisium das kleinste. Es liegt inmitten eines nur 14 ha großen Parks etwas abgelegen im Stadtteil Waldersee. Beide aber, Schloss und Park, sind „kleine Berühmtheiten". Das lag und liegt an der einst wie heute stillen Lage zwischen Mulde und Elbe, vor allem aber an ihrem intimen, klaren und bescheidenen Charakter. Die großen Dimensionen und das umfangreiche Bildungsprogramm, das die Wörlitzer Anlagen dominiert, haben sich hier zu verhaltenen Anregungen reduziert. Das Luisium war der ganz persönliche Garten und das Refugium einer freundlich-heiteren, aber ebenso gebildeten Fürstin, kein Ort glanzvoller Empfänge, der Ausstellung von Macht.

Festsaal im Schloss Luisium

Fürst Franz hatte 1767 der Hochzeit mit Louise von Brandenburg-Schwedt zugestimmt, denn die Verbindung mit der eben 17-Jährigen entsprach einer nachdrücklichen „Empfehlung" seines gefährlichen Nachbarn, des Preußenkönigs Friedrich II. Es war also eine dynastische Entscheidung, keine Liebesheirat, aber das war durchaus nichts Ungewöhnliches. Fürst Franz, der, wie der Volksmund voll Verständnis sagte, gelegentlich durchaus auch seine eigenen Wege ging, machte das nachmalige Luisium 1774 seiner toleranten Gemahlin zum Geschenk. Zuvor hatte er seinen liebgewordenen Erbprinzensitz am Vogelherd umbauen lassen. Das Gelände hatte sein Vormund, Fürst Dietrich (1702–1769) 1753 für ihn erworben, bislang stand nur ein Schlösschen im Revier, nun aber beauftragte Fürst Franz Erdmannsdorff mit dem Bau einer dem Zweck würdigen Anlage.

## 1 SCHLOSS LUISIUM S. 140

Das Schlösschen Luisium gilt als Erdmannsdorffs Meisterwerk. Er errichtete von 1774 bis 1778 auf einem extra aufgeschütteten kleinen Hügel ein fast würfelförmiges zweistöckiges Gebäude (mit Zwischengeschoss), ein Landhaus im klassizistischen Stil, das nicht mehr als das unbedingt Notwendige enthielt. Die schlichte, fast schmucklose Fassade ist klar gegliedert, das flache Pyramidendach trägt ein Belvedere, das den Grundriss des Hauses wiederholt. Von ihm aus hat man einen schönen Blick über die Auen an der Mulde, den Kopengraben und die Elbe bis zum Obelisken auf der Kirche im ehemaligen Dorf Jonitz, der Begräbnisstätte von Louise und Fürst Franz (heute St. Bartholomäi in Dessau-Roßlau/OT Waldersee, vgl. S. 145).

Hauptraum des Schlosses, der mehrere kleine Zimmer und Kabinette enthält, ist der Festsaal im Erdgeschoss. Seine Decke ist mit allegorischen Szenen geschmückt, in denen der Fürstin gehuldigt wird. Sie beziehen sich auf Tugenden wie Treue, Ehre, Demut, Sanftmut, Reinheit der Seele und natürlich auch auf den Glauben, auf die Religion. Wandgemälde korrespondieren mit diesen Allegorien. Die Göttinnen Venus und Flora und Genien grüßen zwischen gemalten Girlanden, die Früchte der Orangerie zeigen. Nach dem Tod der Fürstin 1811 hat sich Fürst Franz oft ins Luisium zurückgezogen, und hier ist er 1817 auch gestorben.

Das Schloss wurde nach 1990 grundlegend restauriert und steht mit seinem fast vollständig erhal-

▶ Blick über die Weiße Brücke zum Schloss Luisium

Sandsteinhermen im Park

tenen Mobiliar seit 1998 den Besuchern wieder offen.

06844 Dessau-Roßlau/OT Waldersee
Tel.: (03 40) 2 18 37 11
Ferienwohnungen
Anfahrt: Buslinie 13

**Besuch des Schlosses nur mit Führung: April, Okt. Sa., So., Feiertage 10–17 Uhr, Mai–Sept. Di.–So., Feiertage 10–18 Uhr, Park ganzjährig frei zugänglich**

Restauriert sind auch die a *Weiße Brücke*, die zum Schloss führt, die b *Orangerie* mit Gebäuden des c *Wirtschaftshofes*, u.a. mit der ehemaligen Wohnung des Hofgärtners J.F. Eyserbeck, und das d *Schlangenhaus*, die heute als Ferienwohnungen vermietet werden (vgl. S. 163). Auch die Tore zum Park, die Denkmale und Parkbauten sind in alter Schönheit wieder zu erleben: der e *Pegasusbrunnen* mit den drei Grazien, die f *Sandsteinhermen* und der g *Faunenbrunnen*, dessen kleines antikes Original im Schloss Wörlitz gezeigt wird. Trotz mancherlei Umgestaltungen im Park haben sich alle bis 1816 errichteten Bauten erhalten, die Schäden des Jahrhunderthochwassers 2002, das große Teile des Parks überflutet hatte, sind spurlos beseitigt.

Der englische Park des Luisiums ist von harmonischer Schönheit. Uralte Eichen und Linden, auch Tulpenbäume, Lärchen und Eiben stehen in Sichtbeziehungen zum Schloss und zu den Gartenbauten. Es herrscht das ökologische Prinzip: Im Park und auf den Wiesen werden keine Chemikalien, kein Kalk oder anderer Dünger eingesetzt. So gibt es noch immer eine bemerkenswerte Flora und Kleinfauna in vielerlei Arten. Dazu zählen heimische Orchideen und andernorts längst ausgestorbene Wildkräuter; zwischen ihnen leben u.a. Laubfrösche, Ringelnattern, Schmetterlinge, Käfer und viele Kleinlebewesen, die von den intensiv bewirtschafteten Flächen längst verschwunden sind. Zu dieser Philosophie gehört das jenseits des Parks von 1779 bis 1781 im neugotischen Stil errichtete h *Gestüt* in den Auen (auch hier sind Ferienwohnungen zu mieten). Hier wird seit den Zeiten der Fürstin auch eine gemischte Viehherde gehalten, sie gehört zum idyllischen Landschaftsbild.

### ▶ ABSTECHER ST.-BARTHOLOMÄI-KIRCHE

Jonitz, einst ein großes Dorf auf dem rechten Ufer der Mulde, wurde 1935 mit dem Flecken Naundorf zum neuen Ort Waldersee vereinigt und 1945 nach Dessau eingemeindet. Die *Kirche St. Bartholomäi* ist ein Dankvotivbau des Fürsten Leopold I., den er 1722 anlässlich der glücklichen Heimkehr seiner Söhne Gustav und Leopold Maximilian aus den Türkenkriegen gestiftet hat. Von der bis 1725 erbauten Saalkirche hat sich wenig Authentisches erhalten, denn sie war von Beginn an durch den unsicheren Baugrund an der Mulde gefährdet und wurde mehrfach umgebaut und auch in ihrer Ausstattung ergänzt. Von Interesse für die Besucher des Gartenreiches ist der hohe Westturm, dessen Bau 1816/17 durch Fürst Franz, als kirchliches Oberhaupt in seinem Land, persönlich geleitet wurde. Er war zur Aufnahme des Mausoleums für die 1811 verstorbene Fürstin Louise gedacht, und auch Fürst Franz wurde hier beigesetzt. Der Entwurf des Turmes stammt von Carlo Ignazio Pozzi. An der Ostwand des kreuzrippengewölbten quadratischen Untergeschosses stehen die beiden *Sarkophage* mit den Porträtmedaillons des Fürstenpaares. In den Rundbogennischen weisen allegorische, in Marmor ausgeführte plastische Gestalten auf die Tugenden des Fürsten hin. Sapientia steht für Weisheit und Wahrhaftigkeit, Fortitudo für Standhaftigkeit. Bei Louise sind es die Tugenden Caritas (Nächstenliebe) und Fides (Glaube). Das große Marmorrelief „Die drei Frauen am Grabe Christi" im Hintergrund stammt von Hofmaler Friedemann Hunold (1773–1840).

Ortsteil Waldersee

Anfahrt: Buslinie 13

**Alljährlich zum Gartenreichtag und zum Tag des offenen Denkmals (1. WE. Sept.) oder Voranmeldung: Tel.: (03 40) 2 16 02 76, Gottesdienst: So. in der Regel 9 Uhr**

Schloss und Park Georgium
ELBE
Leopoldshafen
Beckerbruch
Tierpark
Puschkinallee
N
W
O
S
1 Schloss S. 149
a Sphingenportal S. 149
b Orangerie S. 149
c Sieben Säulen S. 149
d Blumengartenhaus S. 149
e Küchengebäude S. 149
f Statuen Apollo/Venus S. 149
g Fremdenhaus S. 150
h Rundtempel S. 151
i Fürstensitz/Denkmal S. 151
j Statue der Diana S. 151
k Mausoleum S. 151
l Roter Bogen S. 151
m Weißer Bogen S. 151
n Altdeutsche Gräber S. 151
o Widderkopfaltar S. 151
p Ruinenbrücke S. 151
q Viereckteich S. 151
r Wallwitzsee S. 151
s Wallwitzburg S. 151

# DAS GEORGIUM MIT DEM BECKERBRUCH

Organisation der Vereinten Nationen für Bildung, Wissenschaft, Kultur und Kommunikation

Gartenreich Dessau-Wörlitz
Welterbestätte
seit 2000

Das Gelände des Georgiums war noch um 1780 ein teils mit kargen Kiefern bestandenes Ödland, teils ein sumpfiger Auenwald. Prinz Johann Georg von Anhalt-Dessau (1748–1811) – zumeist Hans Jürge genannt –, der jüngere Bruder von Fürst Franz, scheute keine Mühe, um aus dem unwirtlichen Gelände im Norden der Stadt ein Pendant zu den großen Wörlitzer Anlagen des regierenden Fürsten zu machen. Und wie dieser, nahm er Friedrich Wilhelm von Erdmannsdorff sowie die Hofgärtner Johann Friedrich Eyserbeck und Johann Georg Schoch d. J. (1785–1826) in die Pflicht. Sie gaben ihr Bestes: Das Georgium, so genannt nach seinem Gründer, braucht den Vergleich mit dem Höhepunkt des Gartenreiches nicht zu scheuen. Friedrich Novalis schrieb 1793: „… die Natur ist in den einzelnen Partien zuweilen noch glücklicher als in Wörlitz nachgeahmt". Nachahmung der Natur – in der Ästhetik der Aufklärung nahm diese heute hinterfragte Position einen wichtigen Platz ein.

Das Georgium besteht aus zwei Bereichen, aus dem Georgengarten

Schloss Georgium

mit dem Schloss als Zentrum und aus dem wesentlich größeren Beckerbruch, der sich mit verschlungenen Wegen unter hohen Bäumen und durch Wiesen bis an die Elbe erstreckt. Beide Teile des Georgiums sind außer mit Zweckbauten und Aussichtssitzen, mit Statuen, antikisierenden Tempeln, Altären und künstlichen Ruinen ausgestattet, die dem Bildungsprogramm der beiden aufgeklärten Brüder entsprachen.

Der Georgengarten, obwohl heute vollständig von der Stadt umgeben, ist nicht eingezäunt und kann von allen Seiten aus betreten werden. Zu empfehlen ist der historische Haupteingang am a *Sphingenportal*, an dem sich zwei altägyptische Fabelwesen gegenüberstehen, der Eingang an der b *Orangerie* oder der Zutritt an den westlichen Römischen Ruinen bzw. c *Sieben Säulen*. Dieser Bau, errichtet nach dem Vorbild des Saturntempels am Forum Romanum, besitzt tatsächlich acht Säulen, es sind aber von fast allen Positionen aus stets nur sieben zu sehen.

## 1 SCHLOSS GEORGIUM

S. 146

Zentrum des Gartens ist das Schloss. Nur sein durch toskanische Pilaster gegliederter mittlerer Trakt (1780) geht auf Erdmannsdorff zurück, die beiden Seitenflügel sind deutlich als spätere Erweiterungen kenntlich (1793). Das Schloss trägt ein achtseitiges Belvedere als Ausdruck der Lust seines Besitzers, das Geschaffene auch in der Überschau zu genießen. Das Gebäude wird rechts vom gut erhaltenem d *Blumengartenhaus* und von den Resten des e *ehemaligen Küchengebäudes* flankiert, ihm gegenüber stehen auf dem Schlossplatz die überlebensgroßen f *Statuen des Apollo und der Venus*.

Im Schloss, im Fremdenhaus und mit Sonderausstellungen in der Orangerie befindet sich seit 1959 die *Anhaltische Gemäldegalerie*, eine der bedeutendsten Kunstsammlungen in den neuen Bundesländern. Ihre Bestände vom Mittelalter bis zum Ende des 20. Jh. umfassen auch Grafiken und Plastiken. Die Galerie besitzt zahlreiche altdeutsche Gemälde aus den Sammlungen der Fürsten, darunter einige Werke beider Cranachs bzw. der Cranachwerkstatt, so den Dessauer Fürstenaltar, den Katharinenaltar und die Marientäfelchen. Gut vertreten sind altdeutsche Meister (u.a. Albrecht Dürer, Hans Baldung, gen. Grien) und solche des 17. und 18. Jh. (u.a. Jakob Philipp Hackert und Johann Friedrich August Tischbein) auch zahlreiche Werke der Frankfurter Malerschule. Die Niederländer (u.a. Peter Paul Rubens, Frans Hals, Nicolaes Berchem) stam-

◀ Sphingen bewachen den ehemaligen Haupteingang zum Park Georgium

An der Ruinenbrücke

men ursprünglich aus dem Haus Nassau-Oranien, das mit dem Haus Anhalt-Dessau seit 1659 verbunden war (vgl. S. 133).

*Anhaltische Gemäldegalerie*
Puschkinallee 100
Tel.: (03 40) 61 38 74
gemaeldegalerie@georgium.dessau.de
www.georgium.de
Anfahrt: Buslinie 10 und 11
**Di.–So. 10–17 Uhr, Grafiksammlung im Fremdenhaus nach Voranmeldung, Tel.: (03 40) 61 91 19**
**Park ganzjährig frei zugänglich**

Die reiche Grafiksammlung befindet sich im 1994 rekonstruierten g *Fremdenhaus* nordwestlich hinter dem Schloss. Es ist durch eine Besonderheit gekennzeichnet: Erdmannsdorff hat jede der vier Fassaden als architektonisches Lehrstück unterschiedlich gestaltet: in den Stilen der Renaissance, des Barock, des Klassizismus und der Neogotik, also in Stilrichtungen, die sich in unterschiedlicher Vollendung an Bauten im Gartenreich finden. Die Grafische Sammlung der Galerie enthält u.a. den zeichnerischen Nachlass Erdmannsdorffs und die Blätter der Chalkographischen Gesellschaft, die von 1799 bis 1806 die Residenzstadt auch als ein Zentrum der bildenden Kunst auswies. Sie vereinte die besten Kupferstecher der deutschsprachigen Länder.
Beim Gang durch den Garten lohnt der Besuch des leicht erhöht stehenden klassisch schönen ionischen

h *Rundtempels.* Seine Sichtachsen bieten Blicke auf das Schloss, das Fremdenhaus, den i *Fürstensitz* mit dem *Denkmal für Johann Georg*, den Gründer des Gartens, die j *Statue der Diana* und die Sieben Säulen. Zum ursprünglichen Garten gehört auch das k *Mausoleum* gegenüber dem Sphingenportal. Der 43 m hohe Bau im heutigen Tierpark wurde als Grablege der Herzöge von Anhalt von 1896 bis 1898 errichtet.

Der l *Rote Bogen* und der m *Weiße Bogen* bilden den Übergang zum Beckerbruch. Auch in diesem weitläufigen Park wurde mit einer Anzahl von Denkmalen und Kleinbauten dem Bildungsprogramm der fürstlichen Brüder entsprochen. Es gibt die n *Altdeutschen Gräber*, eine Ansammlung von Findlingen, mehrere Gedächtnisvasen, einen o *Widderkopfaltar*, und mit der p *Ruinenbrücke* ein weiteres Bauwerk der im späten 18. Jh. verbreiteten „Ruinenarchitektur", die mit ihren Bauten an die Vergänglichkeit des menschlichen Lebens und menschlicher Taten erinnern wollte. Dazu kommen mehrere Aussichtspunkte, von denen aus der Beckerbruch, die Landschaft am q *Viereckteich*, am r *Wallwitzsee* und an der Elbe überschaut werden kann. Am schönsten ist der Blick von der s *Wallwitzburg* am Rande des Streithegers. Der heute verputzte neugotische Ziegelbau wurde 1800 auf dem 30 m hohen Wallwitzberg errichtet, als Ankündigung für die von Norden anreisenden Besucher des Gartenreichs.

Der Rundtempel (Monopteros) am Abend

1 Weinberghaus **S.154**
2 Schloss **S. 155**
3 Kirche **S. 155**

a Rittertor **S. 154**
b Löwentor **S. 155**

## KULTURSTIFTUNG DESSAUWÖRLITZ

Die Stiftung des öffentlichen Rechts betreut die Kernbereiche des insgesamt 142 km² großen Gartenreichs, d.h. die vier Schlösser Oranienbaum, Mosigkau, Luisium und Wörlitz mit den dazugehörigen Gärten und denkmalsgeschützten Einzelbauten, zu ihnen zählt u.a. das Gotische Haus. Dazu kommen 7.000 ha Wald und landwirtschaftliche Flächen. Die Arbeit wird von rund 100 Mitarbeitern und von bis zu 50 Saison- und Aushilfskräften geleistet. Zu ihnen gehören Kunsthistoriker, Restauratoren, Förster und Gärtner.

**Kulturstiftung DessauWörlitz**
Hauptverwaltung Schloss Großkühnau
06846 Dessau-Roßlau
Tel.: (03 40) 64 61 50 • ksdw@ksdw.de
www.gartenreich.com

Schloss Großkühnau

# LANDSCHAFTSPARK GROSSKÜHNAU

Organisation der Vereinten Nationen für Bildung, Wissenschaft, Kultur und Kommunikation

Gartenreich Dessau-Wörlitz
Welterbestätte
seit 2000

★ ENTDECKER-TIPP

Der etwa 77 ha große Landschaftspark Großkühnau ist das jüngste Juwel des Gartenreiches um Dessau. Fürst Franz hatte eine Gestaltung des leicht hügligen Geländes an der Elbe erwogen, sich aber dann für die größeren Flächen und die damit verbundenen Möglichkeiten in und um Wörlitz entschieden. Sein Sohn, der Erbprinz Friedrich (1769–1814), ergriff die Gelegenheit, sich ab 1805 in Großkühnau etwas Eigenes zu schaffen. Weit ist er mit seinen Bemühungen nicht gekommen, er starb neun Jahre nach dem ersten Spatenstich. Der Sohn des Erbprinzen, Leopold IV. Friedrich (1794–1871), der 1817 regierender Herzog geworden war, vollendete die Pläne seines Vaters und brachte eigene Intentionen ein.

Das Weinberghaus

## 1 WEINBERGHAUS S. 152

Carlo Ignazio Pozzi errichtete 1818/20 ein Weinberghaus. Der kleine tempelartige Rechteckbau auf einem Hügel vereint klassische und italienisierende Elemente. Eine von vier toskanischen Säulen getragene Vorhalle und ein „altdeutscher" zinnenbewehrter Aussichtsturm bestimmen seinen Gesamteindruck. Das Weinberghaus diente durchaus seinem Bestimmungszweck. Auf den niedrigen Terrassen standen Reben. Diese Tradition wurde vor wenigen Jahren wieder aufgenommen. Im Haus befindet sich heute eine *Naturschutzstation*.

www.gartenreich.com

Anreise*:* ab Dessau-Roßlau mit dem Auto Richtung Aken, Buslinien 10 und 11, zu Fuß am besten vom Bahnhof über Bauhaushauptgebäude, Meisterhäuser, Georgium/Beckerbruch über das Kornhaus stromabwärts auf dem markierten Wanderweg

*Naturschutzstation „Weinberghaus"*

**Do. 9–11.30, 12–16 Uhr, jeden letzten Sa. im Monat 14–17 Uhr, jeden 1. So. im Monat 9–12 Uhr**

**Führungen nach Voranmeldung:**

**Tel.: (03 40) 61 95 12 · 2 04 14 83**

**Park ganzjährig frei zugänglich**

Zum Park am Südufer des Sees gehören Streuobstwiesen und einige Gehölze, die Fürst Leopold IV. Friedrich aus dem nahen Georgium hierher verpflanzen ließ. Der Kühnauer See mit seinen zehn künstlichen Inseln, sie sollten an den Lago Maggiore erinnern, ist nach Jahren der Vernachlässigung wieder entschlammt, seine Ufer sind saniert, Sichtachsen freigeschlagen, die Wege gut begehbar.

Bemerkenswert sind die Zugänge zum Weinberg. Überlebensgroße Skulpturen von Venus und Mars und Theseus und Ariadne schmücken das barocke a *Rittertor* von 1818. Es sind Arbeiten des italienischen Bildhauers Lorenzo Matielli; Leopold Friedrich hat sie in Dresden für Großkühnau erworben. Die Raubkatzen auf dem östlichen

Am Kühnauer See

Ⓑ *Löwentor* sind moderne, aber gelungene Reproduktionen.

## 2 SCHLOSS GROSSKÜHNAU

S. 152

Von den Wegen am See ist das vom Weinberghaus etwa 1.500 m entfernte spätbarocke Schloss im Stil eines Herrenhauses zu sehen. Es entstand mit seiner vorgelagerten Freitreppe 1779/80 und war das Refugium des Prinzen Albert (1750–1811). Der skandalumwitterte jüngste Bruder von Fürst Franz wurde 1811 ermordet. Heute ist das Schloss Sitz der Kulturstiftung DessauWörlitz und für Touristen nicht zugänglich.

## 3 KIRCHE GROSSKÜHNAU

S. 152

Die 1828/30 errichtete Kirche nahe des Schlosses ist einer der ersten neoromanischen (byzantinischen) Bauten in Deutschland. Auch dieser Backsteinbau wird dem Hofbaurat Pozzi zugeschrieben. In Großkühnau hatte es eine spätromanische Vorgängerkirche gegeben, die diesem Neubau weichen musste. Der Ort selbst ist uraltes Siedlungsgebiet, in dem Urnengräber des 3. bis 4. Jh. gefunden wurden und dessen Burg Quina in einer Urkunde bereits im Jahr 945 erwähnt wird.

# SCHLOSS UND PARK MOSIGKAU

Organisation der Vereinten Nationen für Bildung, Wissenschaft, Kultur und Kommunikation

Gartenreich Dessau-Wörlitz
Welterbestätte
seit 2000

Fürst Leopold I. von Anhalt-Dessau, der Alte Dessauer, hat mancherlei Talente besessen. Kunstverstand besaß er kaum. Doch bei seiner Tochter Anna Wilhelmine (1715–1780) brachen sich die künstlerischen Neigungen ihrer Großmutter Henriette Catharina von Oranien-Nassau wieder Bahn. Leopold kaufte seiner Lieblingstochter fünf Jahre vor seinem Tode in der Nähe des Dorfes Mosigkau ein Gut und ein Stück Land. Sie waren die Basis für die Ambitionen Wilhelmines, sich eine repräsentative Sommerresidenz zu bauen. Es heißt, die ersten Entwürfe stammten von Georg Wenzeslaus von Knobelsdorff. Die Vermutung beruht auf Vergleichen des Portals, das Ähnlichkeiten mit von ihm in Potsdam-Sanssouci geschaffenen Portalen hat. Die exakten Pläne, nach denen das Schloss zwischen 1752 und 1757 gebaut wurde, entwarf der Dessauer Baudirektor Christian Friedrich Damm

Schloss Mosigkau, Parkseite

(1721–1758). Die von ihm errichtete breite Dreiflügelanlage mit Nebengebäuden trägt Züge des Spätbarocks, die des aufkommenden Rokoko aber überwiegen so sehr, dass heute anerkannt ist: Schloss Mosigkau ist das bedeutendste Bauwerk des Rokokos in Sachsen-Anhalt. Der ganze Bau drückt die leichte, charmante, ja verspielte Heiterkeit dieser Stilrichtung aus. Der elf Achsen breite Mitteltrakt, die Seitenflügel, die gesamte Ausstattung, auch die zum Schloss gehörenden Gebäude – alles wirkt schwerelos, die Demonstration von Macht ist fern.

Das Zentrum des Schlosses Mosigkau ist der *Galeriesaal*. Er nimmt die volle Breite des Mittelbaues ein. Große, bis zum Boden reichende Sprossenfenster; gelber und blassgrüner feinpolierter Stuckmarmor gliedert die Wände und schmückt die Hohlkehlen zwischen Decke und Wand, teilweise auch die Decke selbst. Diese Eleganz, die noch durch kostbare Glaslüster verstärkt wird, bietet den würdigen Rahmen für die Gemäldesammlung der Prinzessin, die unverheiratet blieb. Auf den ersten Blick besticht die originale Hängung der Kunstwerke. Die Wände sind bis auf den letzten Platz lückenlos gefüllt mit Bildern! Das gibt es nicht noch einmal in Deutschland. Schon im 19. Jh. wurde diese Form der Präsentation von Kunst durch das Prinzip „Weniger ist mehr" abgelöst. Anna Wilhelmines Galerie umfasst in der Mehrzahl Arbeiten der flämischen

Der Galeriesaal im Schloss Mosigkau

und holländischen Meister des 16. und 17. Jh. Vertreten sind u.a. Peter Paul Rubens, Jacob Jordaens, Anthonis van Dyck und Jan Brueghel d.Ä. mit Landschaftsmotiven, Stillleben, Tierbildern und allegorischen Szenen. Von van Dyck stammt ein Porträt, das Wilhelm II. von Oranien als Knaben zeigt.

Die Holländer sind u.a. mit Hendrick Goltzius, Karel Dujardin, Jan und Daniel Mytens vertreten. Hier überwiegt die Landschaftsmalerei. Ein Teil der bedeutenden Sammlung stammt von Anna Wilhelmines Großmutter Henriette Catharina, die aus dem Hause Oranien-Nassau stammte. Henriette Catharina brachte die bekannte „Oranische Erbschaft" ein, die u.a. ihrem Sohn, dem Alten Dessauer, half, seine Pläne zu verwirklichen. Weitere 72 Gemälde konnte die Prinzessin von einer Tochter der Fürstin, also von einer ihrer Tanten, erwerben. Aus diesem Ankauf stammen die Bilder des preußischen Hofmalers Antoine Pesne.

Links und rechts des Galeriesaales befinden sich je zwei *Kabinette* mit Rokokoausstattungen. Auch hier werden Bilder bedeutender Meister gezeigt. Einmalig ist im *Braunen Kabinett* (einem Privatgemach der Prinzessin) die Schönheitsgalerie die, einer Mode der Zeit folgend, zwölf Gemälde mit ausgesucht schönen Hofdamen der englischen Königin präsentiert. Sie wurden nach Vor-

Plastik am Schloss

lagen Anton van Dycks vermutlich durch einen seiner Schüler gemalt. Zur Gemäldesammlung gehören Bildnisse anhaltinischer Fürsten.

Im Erdgeschoss liegen außer einem Gartensaal noch weitere Räume (Audienzzimmer, Hofkavalierzimmer), die aber nicht mehr original erhalten sind. Das *Schlafzimmer* Anna Wilhelmines und das *Audienzzimmer* im ersten Obergeschoss hingegen wurden in ihren ursprünglichen Zustand zurückversetzt. Viele andere Räume im Schloss zeigen das Erscheinungsbild, das sich durch die Umbauten des 19. Jh. ergeben hat. Nach dem Tod der Prinzessin wurde im Schloss, so hatte sie es bestimmt, ein hochadliges *Fräuleinstift* unter-

Pavillon im Ehrenhof

gebracht. Es wurde erst 1945 aufgelöst; drei original ausgestattete Räume erinnern an die Zeit des Fräuleinstifts. Schloss Mosigkau ist seit 1951 Museum. Gezeigt werden auch kunsthandwerkliche Arbeiten des 17. und 18. Jh. (Möbel, Spiegel, Öfen, Porzellan, Fayencen, Fächer).

Der *Garten* von Mosigkau ist räumlich recht begrenzt, dennoch enthält er alle Elemente eines Gartens des Rokoko: einen japanischen Garten (1775) mit Teehaus, auch ein Labyrinth und zwei Orangeriebauten, die bis heute, zusammen mit dem Gartenparterre des Schlosses, im Winter die zahlreichen Kübelpflanzen aufnehmen. Einige dieser teils seltenen Pflanzen sollen noch aus der Zeit der Schlossherrin stammen, sie sind also wenigstens 250 Jahre alt. Die ehemaligen *Kavaliers-, Diener- und Gärtnerhäuser* gruppieren sich um einen *Ehrenhof*, in dem, wie an den Risaliten des Schlosses, meist überlebensgroße Figuren auf antike Götter und Helden verweisen. Heute finden hier wie auch im Galeriesaal Konzerte und weitere kulturelle Veranstaltungen statt.

Einen ersten kleinen englischen Garten gab es in Mosigkau bereits 1777, ab 1805 wurde der gesamte Garten umgestaltet. Damit wurde jedoch die Einheit von Architektur und Gartenkunst partiell aufgehoben. Schritt für Schritt soll sie zurückgewonnen werden. Mosigkau nimmt dennoch seinen berechtigten Platz im Gartenreich ein; es steht vermittelnd zwischen dem barocken Oranienbaum und den späteren englischen Anlagen des Fürsten Franz.

Knobelsdorffallee 2/3
Tel.: (03 40) 52 11 39
www.gartenreich.com
Anreise: ab Dessau-Roßlau: mit dem Auto B 185, Buslinie 16

**Mai–Sept. Di.–So., Feiertage 10–18 Uhr, April Sa., So., Feiertage 10–17 Uhr, Okt. Di.–So., Feiertage 10–17 Uhr, Besichtigungen nur mit Führung (Dauer 1 h), der Park ist ganzjährig frei zugänglich, der Irrgarten nur von Ende Mai bis Okt. (im belaubten Zustand), Sonderführungen, auch thematische Führungen, sind nach Voranmeldung möglich**

# BIOSPHÄRENRESERVAT MITTELELBE

Organisation der Vereinten Nationen für Bildung, Wissenschaft, Kultur und Kommunikation

**Mittelelbe**
Biosphärenreservat des Programms Der Mensch und die Biosphäre seit 1979

**★ ENTDECKER-TIPP**

Das Biosphärenreservat Mittelelbe ist Teil des Biosphärenreservats „Flusslandschaft Elbe“, das mit ca. 380.000 ha in fünf Bundesländern das größte zusammenhängende Schutzgebiet in West- und Mitteleuropa ist.

Zwischen Wittenberg und Gommern bei Magdeburg erstreckt sich auf 43.000 ha der größte zusammenhängende Auenwald Mitteleuropas. Die Elbe darf von Bad Schandau bis Geesthacht vor Hamburg ungestaut ihren natürlichen Lauf nehmen und wird lediglich durch Deiche „gelenkt“. So kann sie regelmäßig die Auen mit ihren wertvollen Hart- und Weichholzbeständen und die Wiesen mit uralten Solitäreichen überfluten. Sie bieten einer Vielzahl geschützter Tier- und Pflanzenarten einen sicheren Lebensraum.

Der Besucher des Gartenreiches kann die Verbindung von Natur und Kultur vielfach erleben, denn

Spuren der Elbebiber finden sich überall im Biosphärenreservat

der Auenwald und die Wiesenflächen reichen vielfach unmittelbar an die Parkanlagen heran. Bereits auf den Seen sind zahlreiche seltene Wasservögel zu beobachten, bei näherem Hinsehen auch Amphibien, Insekten, Käfer und Fische. Der Elberadweg (R2) umfasst mit rund 360 km den kompletten Elbverlauf im Biosphärenreservat. Vom Elbwall hat der Besucher einen weiten Blick über die Auen mit ihren zahlreichen Prielen, Solitäreichen und „Wetterbäumen". Hier haben sich andernorts bedrohte Pflanzen angesiedelt, darunter die Wassernuss, Schwimmfarn und die Sibirische Schwertlilie. Im Reservat wurden ca. 280 Brutpaare des Weißstorchs gezählt.

## INFORMATIONSZENTRUM AUENHAUS

Eine Ausstellung zeigt u. a. ein Überflutungsmodell der Elbe, Tierpräparate und die Fische des Stroms in einem Aquarium. Dazu gehören ein Bauerngarten, der nach ökologischen Prinzipien bewirtschaftet wird, ein Obstlehrpfad und ein „Insektenhotel". Das Auenhaus organisiert Wanderungen und Radtouren durchs Gartenreich, den Obstlehrpfad, durch die Elb- und auch die Muldeaue.

Am Kappenschlösschen 3
06785 Oranienbaum
Tel.: (03 49 04) 4 06 10
bioresme@lvwa.sachsen-anhalt.de
www.gartenreich.net
www.elbebiber.de
Anreise: mit der Bahn von Dessau, mit dem Auto B 107 zwischen Dessau und Oranienbaum

**Mai–Okt. Mo.–Fr. 10–17 Uhr, Sa., So., Feiertage 11–17 Uhr, Nov.–April Mo.–Fr. 10–16 Uhr, Sa., So., Feiertage (nicht Dez.–März) 13–16 Uhr, naturkundliche Führungen ab 3 Personen**

## BIBERFREIANLAGE

Entlang der Elbe lebt inzwischen wieder das Wappentier des Reservates, der Elbebiber. Der größte Nager der nördlichen Halbkugel ist mit etwa 1.200 Tieren in 525 Revieren aktiv. Wer den nacht- und dämmerungsaktiven Biber sehen will, sollte die Biberfreianlage an der Kapenmühle besuchen. Sie ist die einzige ihrer Art in Deutschland und befindet sich inmitten des Lehrpfadsystems des Informationszentrums Biosphärenreservat Mittelelbe. Zur Anlage mit einem 650 m² großen Gewässer gehören eine Beobachtungshütte und ein Aussichtsturm. Für den Besucher empfiehlt sich die Mitnahme eines Fernglases.

Tel.: (03 49 04) 4 06 15
bioresme@lvwa.sachsen-anhalt.de
www.elbebiber.de
Lage: am Radwanderweg Gartenreichtour Fürst Franz/Europa-Fernradweg R1 nahe des Auenhauses

**Mai–Okt. Sa., So., Feiertage: 11–17 Uhr, Besuchergruppen ab 10 Personen jederzeit nach Voranmeldung**

# ÜBERNACHTUNG

Übernachtungshinweise für die Gartenreichorte Georgium, Luisium, Mosigkau, Großkühnauer Landschaftspark im Kapitel „Dessau-Roßlau und das Bauhaus“

## RINGHOTEL ZUM STEIN****

€€€€€ Wellnesshotel mit Römischer Bade- und Saunalandschaft. 87 Zimmer und Suiten. Restaurant, Weinstube, Grillhütte am Gartenteich. Kinderspielplatz. Das Hotel vermietet das historische Rote Wallwachhaus direkt am Elbwall.
Erdmannsdorffstraße 228, 06786 Wörlitz
Tel.: (03 49 05) 5 00
info@hotel-zum-stein.de
www.hotel-zum-stein.de

## LANDHAUS WÖRLITZER HOF***

€€€€–€€€€€ Modernes, ruhig gelegenes Hotel. 50 Zimmer, viele mit Parkblick, Komfortzimmer, Hochzeitssuiten. Feine regionale Küche, Biergarten. Dachterrasse, Sauna. Das Haus ist behindertengerecht.
Markt 96, 06786 Wörlitz
Tel.: (03 49 05) 41 10
info@woerlitzer-hof.de
www.woerlitzer-hof.de

## PARKHOTEL WÖRLITZ***

€€€€ 16 Zimmer im altdeutschen Stil, gemütliches Restaurant mit „Drei Kronen“, gutbürgerliche Küche, Biergarten, Kaminzimmer.
Erdmannsdorffstraße 62
06786 Wörlitz
Tel.: (03 49 05) 2 03 22
info@parkhotel-woerlitz.de
www.parkhotel-woerlitz.de

## HOTEL & RESTAURANT GOLDENER FASAN***

€€€–€€€€ Modernes Hotel mit 28 behindertengerechten Zimmern direkt am Schlosspark. Restaurant mit nationaler und internationaler Küche. Festsaal, Sonnenterrasse. Hauseigene Parkplätze.
Dessauer Straße 41–42
06785 Oranienbaum
Tel.: (03 49 04) 30 30
hotel@goldenerfasan.de
www.goldenerfasan.de

## ELBTERRASSE IM WÖRLITZER WINKEL**

€€€–€€€€ Landhotel, ca. 5 km von Wörlitz, mit 13 Komfortzimmern und 2 Suiten sowie Ferienhaus mit 40 Betten. Restaurant, Biergarten, Sauna.
Elbterrasse 1, 06786 Wörlitz
Tel.: (03 49 03) 8 90 95
info@elbterrasse.com
www.elbterrasse.com

## HOTEL & GASTHAUS „ZUM 1. DEUTSCHEN GONDOLIERE“

€€€ Hotel am Hauptweg zum Schlossgarten gelegen. Originelles Re-

Preisniveau: Doppelzimmer €€€€€ ab 100 € / €€€€ ab 80 € / €€€ ab 60 € / €€ ab 40 € / € unter 40 €

staurant mit regionaler Küche. Im Sommer laden Park und Biergarten zum Entspannen ein. Spielplatz für die Kleinsten.
Angergasse 131, 06786 Wörlitz
Tel.: (03 49 05) 2 03 29
info@ woerlitz-gondoliere.de
www.woerlitz-gondoliere.de

## HOTELPENSION SCHULZE & RESTAURANT*

€€€ Kleineres Hotel (21 Zimmer) in ruhiger Lage. Gutbürgerliche Küche. Fahrradverleih, Haustiere willkommen.
Georg-Forster-Straße 166, 06786 Wörlitz
Tel.: (03 49 05) 2 04 26

## WOHNEN IM GARTENREICH FERIENHÄUSER DER KULTURSTIFTUNG DESSAUWÖRLITZ

### ELBPAVILLON IN DESSAU

Das turmartige Gebäude am Rand des Georgengartens wurde zur Zeit von „Vater Franz'" erbaut und diente dem Hochwasserschutz. Getreu dem fürstlichen Credo verbindet sich in seiner Architektur das Nützliche mit dem Schönen. Er hat es selbst für sich und seine Gäste genutzt. Platz ist für zwei Personen, volle Ferienhausausstattung, dazu Kamin. Gartenmöbel, Fahrräder. Parkfläche am Haus.

Schlangenhaus im Luisium

### SCHLANGENHAUS IM LUISIUM DESSAU

Kleines Backsteinhaus im neogotischen Stil, errichtet 1790 auf einem kleinen Hügel. Diente bereits im 18. Jh. als Gästehaus. Im Keller wurde Obst der nahe gelegenen Plantage gelagert. Der Name Schlangenhaus stammt aus dem Volksmund und bezieht sich auf die Form des Wasserspeiers. Nach gründlicher Sanierung aller Räume seit 1996 Ferienwohnung mit voll ausgestatteten exklusiven Zimmern.

### EYSERBECKHAUS IM LUISIUM DESSAU

Historischer Wirtschaftshof, erbaut um 1750–1775. Die Wohnung gehörte dem Hofgärtner Johann Friedrich Eyserbeck (1734–1818), einer der tüchtigsten Fachleute des Fürsten Franz. Nach dem Hochwasser 2002 denkmalgerecht – zum Teil mit historischen Möbeln – rekonstruiert. In Küche, Bad etc. moderne Ausstattung. PKW-Stellfläche 350 m entfernt.

### INFORMATIONEN, RESERVIERUNGEN, BUCHUNGEN

Tel.: (03 40) 64 61 50 • 6 46 15 66 • ksdw@ksdw.de • touristinfo@dessau-rosslau.de

# GASTRONOMIE

Weitere Gastronomiehinweise im Kapitel „Dessau-Roßlau und das Bauhaus"

## „GOLDENER HIRSCH"

€–€€ Gutbürgerliche Küche in der älteste Gaststätte von Oranienbaum.
Markt 23 • 06785 Oranienbaum
Tel.: (03 49 04) 2 03 91

## „ZUM STACHELWIRT"

€€ Gutbürgerliche Küche und selbst gebackener Kuchen.
Rosenweg 19 • 06785 Oranienbaum
Tel.: (03 49 04) 2 20 60

## EISCAFÉ SCHLOSSSTRASSE

Hausgemachtes Eis und köstliche Torten im Zentrum von Oranienbaum.
Schlossstraße 81 • 06785 Oranienbaum
Tel.: (03 49 04) 3 02 92

## GASTWIRTSCHAFT IM KÜCHENGEBÄUDE

Restaurant und Café sind von März bis Okt. tgl. geöffnet (Nov.–Feb. nur Do.–So.)
06786 Wörlitz
Tel.: (03 49 05) 2 23 38
www.bruhnke-woerlitz.de

## „ZUM HAUENDEN SCHWEIN"

Restaurant mit historischem Ambiente, Weinstube, Biergarten, auch Pension.
Erdmannsdorffstraße 69 • 06786 Wörlitz
Tel.: (03 49 05) 3 01 90
www.zumhauendenschwein.de

## GASTHAUS UND EISCAFÉ „GRÜNER BAUM"

€–€€ Ältestes Traditionsgasthaus direkt am Park, seit 1757 in Familienbesitz. Ehemaliger Hoflieferant des Fürsten Franz von Anhalt-Dessau. Original anhaltische Spezialitätenküche, stets 4 Tagesgerichte für unter 9 €, Eisbecher ab 2,90 €. Großer öffentlicher Fahrradparkplatz.
Neuer Wall 103 • 06786 Wörlitz
Tel.: (03 49 05) 2 17 03
www.gruenerbaum-woerlitz.de

## KNEIPENRESTAURANT & HEU-HOTEL „KARTOFFELKÄFER"

€–€€ Besonders nettes Restaurant mit origineller Einrichtung. Geboten werden ausgesuchte Kartoffelspezialitäten und bodenständige regionale Küche. Übernachtet werden kann in einem der vier Heu-Zimmer.
Neue Reihe 149 a • 06786 Wörlitz
Tel.: (03 49 05) 2 05 09
www.kartoffelkaefer-woerlitz.de

► Gondelpartie in den Wörlitzer Anlagen

# PRAKTISCHE HINWEISE

# DIE REGION VON A BIS Z

## ANREISE

### MIT DEM AUTO

Aus Richtung München oder Berlin A 9, aus Richtung Frankfurt/Main über A 4 und A 9, aus Richtung Hamburg über A 1, A 7, A 2, A 14 und A 9
Abfahrten von der A 9 Coswig-Wittenberg/Dessau-Süd (8), Vockerode-Wörlitz (9), Dessau Ost (10, auch für Oranienbaum und Wörlitz).

### MIT DEM ZUG

Gute ICE-Anbindung und Regionalbahnen
Tel.: (08 00) 1 50 70 90
Fahrplanauskunft (automatisch)
Tel.: (0 18 05) 33 10 10 (Bahn und Bus-Auskunft)
www.bahn.de • www.insa.de
Die Mitnahme von Fahrrädern ist in allen Regionalbahnen, S-Bahnen und Regionalbussen in Sachsen-Anhalt kostenlos.

### MIT DEM FLUGZEUG

Interkontinentalflughafen Leipzig-Halle, über A 14/Schkeuditzer Kreuz, A 9 Richtung Berlin, bis Abfahrten Dessau-Süd, Dessau Ost, Wörlitz oder Roßlau, Coswig, Wittenberg (etwa 25 bis 30 Min.)

### MIT DEM FAHRRAD

Elberadweg (R 2) 980 km von Cuxhaven elbaufwärts, Dessau-Roßlau, Wittenberg, Torgau, Meißen, Dresden, Bad Schandau und bis nach Tschechien
www.elberadweg.de
Europaradweg (R 1) 3.500 km von Frankreich über die Niederlande bis Dessau-Roßlau (Anbindung nach Wittenberg) Berlin–Polen, Litauen, Lettland, Estland
www.euroroute-r1.de

### MIT DEM SCHIFF/BOOT

■ *Wittenberg*
Yachthafen am Marina-Camp Elbe Stromkilometer 214,7, linkes Ufer Brückenkopf-Hotel Marina-Camp Elbe
Brückenkopf 1, 06886 Wittenberg
Tel.: (0 34 91) 45 40
www.marina-camp-elbe.de
■ *Dessau-Roßlau*
Gäste-Steganlage am Leopoldshafen
Leopoldshafen 4
06846 Dessau-Roßlau
Stromkilometer 261, linkes Ufer
Seesportverein Dessau-Roßlau e. V.
Tel.: (03 40) 61 72 35
www.blauesband.de

### ZU FUSS

Lutherweg: www.lutherweg.de

## APOTHEKEN

■ *Wittenberg* Tel.: (0 34 91)
Apotheke am Collegienhof
Collegienstraße • Tel.: 4 96 90

Löwen-Apotheke
Collegienstraße 62 a
Tel.: 40 20 35
Stern-Apotheke
Sternstraße 89
Tel.: 40 15 56
■ *Dessau-Roßlau* Tel.: (03 40)
Apotheke am Bauhaus
Gropiusallee 50 • Tel.: 61 18 99
Apotheke am Luisium
Wilhelm-Feuerherdt-Straße 17
Tel.: 2 16 09 97
Ginko-Apotheke
Lidiceplatz 5 • Tel.: 2 20 28 38
Pelikan-Apotheke
Ratsgasse 6 • Tel.: 26 05 30
Schwabe-Apotheke
Askanische Straße 51
Tel.: 21 25 55
■ *Oranienbaum* Tel.: (03 49 04)
Gutenberg-Apotheke
Brauerstraße 29 • Tel.: 2 03 37
■ *Wörlitz* Tel.: (03 49 05)
Park-Apotheke
Erdmannsdorffstraße 65
Tel.: 2 03 21

# BALLONFAHRTEN

■ *Region Wittenberg*
Klaus Höppner
Tel.: (01 52) 24 15 04 24
www.ballon-wittenberg.de
■ *Region Dessau*
Ballonteam Coors
Tel.: (0 34 71) 37 22 20
www.ballonfahrt.com

# BANKEN

■ *Wittenberg*
Commerzbank, Markt 25
Hypovereinsbank, Schlossstraße 23/24
Sparkasse, Am Alten Bahnhof 3
Volksbank, Collegienstraße 12
■ *Dessau-Roßlau*
Commerzbank, Kavalierstraße 39
Deutsche Bank, Kavalierstraße 20–22
HypoVereinsbank, Johannisstraße 14 a
Stadtsparkasse, Poststraße 8
■ *Oranienbaum*
Volksbank, Schlossstraße 10
■ *Wörlitz*
Sparkasse, Alter Wall 103
Volksbank, Markt 88

# FAHRRADVERLEIH

■ *Wittenberg*
Fahrradhaus Kralisch
Profiwerkstatt für Reparaturen, Verkauf von Fahrrädern, Verleih von Tourenrädern
Jüdenstraße 11
■ *Dessau-Roßlau*
Fahrradverleih Mobilitätszentrale Dessau, Trekkingräder, City-Bikes, Kinderräder
Am Hauptbahnhof
Fahrradcenter am Flugplatz, Fa. Ribbecke
OT Kleinkühnau, Hauptstraße 183 a
■ *Wörlitz*
Fahrradfachgeschäft Fa. Graul
Verleih und Reparatur
Grabengasse 49 a

## FEIERTAGE IN SACHSEN-ANHALT

1. Januar: Neujahr, 6. Januar: Heilige Drei Könige, Ostern, 1. Mai: Maifeiertag, Christi Himmelfahrt, Pfingsten, 3. Oktober: Tag der deutschen Einheit, 31. Oktober: Reformationstag, 25./26. Dezember: Weihnachten

## FUNDBÜROS

■ *Wittenberg*
Bürgerbüro
Neues Rathaus
Lutherstraße 56 • Tel.: (0 34 91) 4 21 0
■ *Dessau-Roßlau*
Bürgerbüro im Rathaus
Zerbster Straße 4 • Tel.: (03 40) 2 04 10 31
■ *Wörlitz*
Bürgerbüro
Erdmannsdorffstraße 87
Tel.: (03 49 05) 40 20

## KRANKENHÄUSER

■ *Wittenberg*
Evangelisches Krankenhaus Paul-Gerhardt-Stiftung
Paul-Gerhardt-Straße 42
Rettungsstelle Tel.: (0 34 91) 50 27 72
■ *Dessau-Roßlau*
Städtisches Klinikum
Auenweg 38 • Tel.: (03 40) 50 10
Notaufnahme: Tel.: 5 01 19 30

## KUTSCHEN/ KREMSER

(die Fahrten führen nicht durch die Parkanlagen des Gartenreichs)
■ *Dessau-Roßlau*
Hartmut Weiß
Tel.: (03 40) 2 16 15 32
■ *Oranienbaum*
Peter Waage
Tel.: (03 49 04) 2 05 09
■ *Wörlitz*
Pferdehof zur Elbaue
Tel.: (03 49 05) 2 00 48

## NOTRUFE

Polizei: 1 10
Feuerwehr/Rettungsdienst/Notarzt: 1 12
Sperrung von EC-Karten:
(0 69) 74 09 87
(01 80) 5 02 10 21
ADAC-Pannenhilfe: (01 80) 2 22 22 22
ACE-Pannenhilfe: (01 80) 2 34 35 36
Zentralruf der Autoversicherer:
(01 80) 2 50 26
Telefonseelsorge:
ev.: (08 00) 1 11 01 11
kath.: (08 00) 1 11 02 22

## RUNDFLÜGE

Flugplatz Tower (nur auf Anmeldung)
Alte Landebahn 27
06846 Dessau-Roßlau

Tel.: (03 40) 61 97 51
Flugplatz@dvv-dessau.de
www.dvv-dessau.de

## SCHIFFSFAHRTEN

■ *Ab Dessau-Roßlau:* ab Okt. 2010 Rund- und Ausflugsfahrten ab Kornhaus
Tel.: (03 40) 2 04 14 42 (Information, Kartenvorverkauf)

■ *Ab Wittenberg:* MS „Lutherstadt Wittenberg" – Tagesfahrten, Abend- und Kaffeefahrten, Charterbetrieb, Erlebnisgastronomie.
Chartercenter: Schlossstraße 16
Tel.: (0 34 91) 7 69 04 33
info@ms-wittenberg.de
www.ms-wittenberg.de

## INFORMATION

■ *Wittenberg*
Schlossplatz 2
Tel.: (0 34 91) 49 86 18 • 49 86 14
info@wittenberg-information.de
www.wittenberg-information.de
**März–Okt. Mo–Fr. 9–18.30 Uhr, Sa., So., Feiertage 10–16 Uhr, Nov.–Feb. Mo.–Fr. 9–16 Uhr, So., Feiertage 11–15 Uhr, Jan., Feb. Mo.–Fr. 10–16 Uhr**

■ *Gräfenhainichen*
Alter Markt 1
Tel.: (03 49 53) 3 57 55 • 3 57 56
touristinformation@graefenhainichen.de
www.graefenhainichen.de
**Winter Mo., Fr. 9–12 Uhr, Di.–Do. 9–12, 13.30–16 Uhr Sommer Mo., Sa. 9–12 Uhr, Di., Mi., Fr. 9–12, 13.30–16 Uhr, Do. 9–12,13.30–18 Uhr**

■ *Dessau-Roßlau*
Zerbster Straße 2 c
Tel.: (03 40) 2 04 14 42 • 1 94 33
Zentrale Buchungsstelle für Hotel- und Privatzimmer:
Tel.: 2 20 30 03
touristinfo@dessau-rosslau.de
www.dessau-rosslau-tourismus.de
**April–Okt. Mo.–Fr. 9–18 Uhr, Sa. 9–13 Uhr, Nov.–März Mo–Fr. 9–17 Uhr, Sa. 10–13 Uhr**

■ *Außenstelle Roßlau*
Südstraße 9
Tel.: (03 49 01) 8 24 67
touristinfo-rosslau@dessau-rosslau.de
www.dessau-rosslau-tourismus.de
**Mo. 10–12 Uhr, Di. und Do. 13–18 Uhr**

■ *Oranienbaum*
Schlossstraße 17 • Tel.: (03 49 04) 2 25 20
stadtinfo@oranienbaum.de
www.oranienbaum.de
**Jan.–Feb. Do. 10–15 Uhr, März Di., Do. 10–15 Uhr, April–Mitte Okt. Mo.–Sa. 10–15 Uhr, Mitte Oktober–4. Advent Di., Do. 10–15 Uhr**

■ *Wörlitz*
Förstergasse 26
Tel.: (03 49 05) 2 02 16
info@woerlitz-information.de
www.woerlitz-information.de
**Feb. Mo.–Fr. 9–16 Uhr, Sa., So. 11–15 Uhr, März–Okt. tgl. 9–18 Uhr, Nov.–Jan. Mo–Fr. 9–16 Uhr**

# KULTURKALENDER

## MÄRZ

### KURT-WEILL-FESTSPIELE

www.kurt-weill-fest.de
(1. Woche, Dessau-Roßlau)

### FRÜHLINGSERWACHEN IM PARK

mit Fahrten in historischen Kutschen
www.gartenreich.com
(3. WE, Wörlitz)

## MAI

### GARTENREICHSOMMER

mit vielen Schloss- und Seekonzerten sowie Theateraufführungen in den Schlössern des Gartenreichs
Tel.: (0 30) 6 78 01 11
Tickets: Tel.: (01 80) 5 54 48 88
www.gartenreichsommer.de
(Mai–September)

### ORANGENFEST

3. WE, Oranienbaum

## JUNI

### WITTENBERGER KULTURSOMMER

mit Kunst und Kultur in der gesamten Altstadt
www.wittenberg.de
(Juni–30. September)

### STADTFEST „LUTHERS HOCHZEIT"

mit großem Festumzug und Mittelaltermarkt

Seekonzert auf dem Wörlitzer See

www.lutherhochzeit.de
(2. WE, Wittenberg)

## JULI

### LEOPOLDSFEST

www.leopoldsfest.de
(1. WE, Dessau-Roßlau)

## AUGUST

### GARTENREICHTAG

Konzerte, Führungen usw. in den Schlössern, Parks und im Biosphärenreservat
www.dessau-rosslau-tourismus.de
(2. WE, Dessau-Roßlau)

### HEIMAT- UND SCHIFFERFEST

im Ortsteil Roßlau
(4. WE, Dessau-Roßlau)

### WEINBERGFEST IM KÜHNAUER PARK

4. WE, (Sa.), Dessau-Roßlau

## SEPTEMBER

### TAG DES OFFENEN DENKMALS

in Wittenberg, Dessau und im Gartenreich – Denkmale, die sonst der Öffentlichkeit nicht zugänglich sind, laden zur Besichtigung ein
www.tag-des-offenen-denkmals.de
(9. September)

### FARBFEST

mit Open-Air-Veranstaltungen des Anhaltischen Theaters und Umzug mit Fest im Bauhaus
www.farbfest-dessau.de
(1. WE, Dessau-Roßlau)

Beim Reformationsfest auf dem Wittenberger Markt

### TÖPFERMARKT

4. WE, Wittenberg

## OKTOBER

### REFORMATIONSFEST

mit Festgottesdienst, historischem Umzug, mit wissenschaftlichen und populär-wissenschaftlichen Veranstaltungen, Renaissancemusikfestival und historischem Markttreiben
www.wittenberg.de
(29.–31. Oktober, Wittenberg)

## DEZEMBER

### MARTIN LUTHERS WEIHNACHTSSPIEL

Laiendarsteller bringen die Weihnachtsgeschichte in Luthers Übersetzung
www.wittenberg.de
(4. Advent., Wittenberg)

# REGISTER

## ORTE

## PERSONEN

## DANKESCHÖN

Autor und Verlag danken den Gutachtern, allen Personen und Institutionen, die zur Qualität dieses Buches maßgeblich beigetragen haben. Insbesondere: Stephan Schelhaas, Simone Hoffmann (Wittenberg-Information), Dr. Stefan Rhein (Stiftung Luthergedenkstätten in Sachsen-Anhalt), Roman Müller (Tourist-Information Dessau-Roßlau), Christine Lambrecht (Tourismus-Marketing der Stadt Dessau-Roßlau), Erdmute Alex, Uwe Quilitzsch, Ute Winkelmann (Kulturstiftung DessauWörlitz), Dr. Frank Kreißler (Stadtarchiv Dessau-Roßlau), Ursula Schild (IMG – Investitions- und Marketinggesellschaft Sachsen-Anhalt mbH), Ingo Fritzsche, Mirko Pannach (Biosphärenreservat Mittelelbe), Prof. Dr. Omar Akbar, Silvia Höll (Stiftung Bauhaus Dessau), Dr. Hanna Kasparick (Evangelisches Predigerseminar Lutherstadt Wittenberg), G. Dietrich (Technikmuseum „Hugo Junkers" Dessau), Kurt-Weill-Gesellschaft Dessau, UNESCO Deutschland.

# ABBILDUNGSNACHWEIS

Bundesarchiv, Bild-Nr. 146-2005-0119 (Kurt Weill, 1932, Fotograf unbekannt), Wikimedia Commons, lizenziert unter GNU-Lizenz für freie Dokumentation: S. 104
Kurt Fricke: S. 2/3, 6, 7, 8, 9, 10, 13, 16, 18, 20, 22, 23, 25, 27, 29, 30, 33, 37, 38, 41, 46, 49, 60, 61, 74, 75, 80, 81, 84, 85, 86, 87, 89, 107, 109, 112, 114, 116, 118, 120, 121, 122, 123, 127, 128, 129, 130, 134, 135, 136, 143, 144, 147, 148, 150, 151, 152, 153, 154/155, 156, 158, 159, 160, 163, 165
Gasthaus „Grüner Baum": S. 164
Hotel-Restaurant „Alte-Cancley": S. 59
Kulturstiftung DessauWörlitz/Bildarchiv: S. 108, 115 (Fotos: Heinz Fräßdorf), 124 (Foto: H.-B. Kluge), 133, 137, 141, 157, 170 (Fotos: Heinz Fräßdorf)
Mitteldeutscher Verlag, Archiv: S. 51
Michael Pantenius: S. 76, 77, 79, 88, 92, 139
Stadtarchiv Dessau-Roßlau: S. 95, 98, 99, 101, 102, 103, 105
Stiftung Bauhaus Dessau (Foto: Jürgen Hohmuth 2004), Urheber: Walter Gropius/Wassiliy Kandinsky, Meisterhaus Kandinsky, Innenansicht, © VG Bild-Kunst, Bonn 2008): S. 73
Stiftung Luthergedenkstätten in Sachsen-Anhalt: S. 40, 43, 44, 54, 55, 56, 57, 63, 65, 66, 69, 70/71, 72
Technikmuseum „Hugo Junkers" Dessau: S. 91
Wittenberg-Information/Wittenberg-Kultur e. V.: S. 32, 34, 53, 171

Cover: Marktplatz Wittenberg (Foto: Studio Kirsch, Wittenberg)
S. 1: bei „Luthers Hochzeit" in Wittenberg (Foto: Wittenberg-Information/WittenbergKultur e. V.)
S. 4/5: Lutherhaus, Thesentür an der Schlosskirche, Meisterhaus Muche/Schlemmer, Schloss Luisium, Bibliothekspavillon im Wörlitzer Park, Cranachhof, Stahlhaus in der Siedlung Törten, Kirche Großkühnau, Schloss Oranienbaum, Biber in der Biberfreianlage des Biosphärenreservats (Fotos: Kurt Fricke)
Umschlagfotos hinten: Bauhaushauptgebäude Dessau, Schloss Luisium, die „Muschelsucherin" im Wörlitzer Park (Fotos: Kurt Fricke)

Abdruck der genehmigungspflichtigen Aufnahmen mit freundlicher Erlaubnis der Evangelischen Stadtkirchengemeinde Wittenberg, des Evangelischen Predigerseminars Wittenberg, der Wörlitzer St.-Petri-Gemeinde, der Stiftung Luthergedenkstätten in Sachsen-Anhalt, des Restaurants Kornhaus Dessau, des Biosphärenreservats Mittelelbe.

Abdruck der UNESCO-Icons mit freundlicher Erlaubnis von UNESCO Deutschland, Bonn

**DR. MICHAEL PANTENIUS,**
geb. 1938, Kulturwissenschaftler, Historiker. Arbeitete als Werbe- und Presseleiter bei Buchverlagen, Feuilletonchef einer Tageszeitung, Lektor und Redakteur, lebt bei Halle, zahlreiche Veröffentlichungen zu Halle und zur Geschichte und Kulturlandschaft Mitteldeutschland.



Redaktionsschluss: Juni 2010

Stadtpläne und Umgebungskarten:
2D-Grafik-Design Döring GbR (www.2d-grafik-design.de)

2., verbesserte, aktualisierte und neu gestaltete Auflage, 2010

www.mitteldeutscherverlag.de



Gesamtherstellung: Mitteldeutscher Verlag, Halle (Saale)

ISBN 978-3-89812-749-3

(ISBN 978-3-89812-558-1, Erstausgabe 2008)

Printed in the EU